# HAGA CRECER SU FE

CÓMO MADURAR EN CRISTO

# JERRY BRIDGES

Traducido por
Adriana Quesada

EDITORIAL MUNDO HISPANO

## Editorial Mundo Hispano
### Apartado 4256, El Paso, Texas 79914, EE. UU. de A.

### www.editorialmh.org

Publicado originalmente en inglés por NavPress. Colorado Springs, Colorado, bajo el título *Growing your Faith*, © copyright 2004, por Jerry Bridges.

**Editores:** Juan Carlos Cevallos
Vilma de Fajardo
Alicia Zorzoli


Primera edición: 2005
Clasificación Decimal Dewey: 248.4
Tema: Vida cristiana


ISBN: 0-311-46291-X
EMH Núm. 46291


3 M 12 05
Impreso en Colombia
Printed in Colombia

# CONTENIDO

*A*
*Dwight y Lucille Custis,*
*y a la congregación de*
*Trinity Bible Church*

# Prólogo

DURANTE LOS PRIMEROS tres años de mi vida cristiana, crecí muy poco. No sabía cómo cultivar mi fe y no me daba cuenta de que debía hacerlo de manera intencional. Creo que esto es muy real en la vida de muchos creyentes hoy en día, aun en aquellos que han sido cristianos por muchos años. No crecen espiritualmente porque no saben cómo crecer y no están conscientes de que deben crecer. Este libro tiene como objetivos el animar a los creyentes —nuevos y maduros— a crecer, y el proveerles instrucción básica para participar intencionalmente en su crecimiento.

Tomando la expresión del mundo universitario, yo describiría este libro como Crecimiento Cristiano Básico. Tiene la intención de ser una instrucción básica para cultivar la fe. Creo que todos necesitamos refrescarnos continuamente en la realidad que hemos aprendido porque tenemos una tendencia natural de alejarnos de ella. Como diría el apóstol Pedro: "Por eso siempre les recordaré estas cosas, por más que las sepan y estén afianzados en la verdad que ahora tienen" (2 Pedro 1:12). Alguien dijo que necesitamos más que se nos recuerde que que se nos enseñe. Por lo tanto, no me disculpo por "remover tierra vieja".

Hay cuatro personas que merecen una palabra especial de gracias por ser parte importante en la preparación de este libro. En primer lugar, Don Simpson de NavPress, quien sirvió como primer editor para este volumen. En segundo lugar, Louise Bridgewater y Brenda Lagasse, quienes ejecutaron un servicio invalorable al mecanografiar y leer todo el material en un tiempo récord. Finalmente, mi esposa Jane quien tuvo bastante paciencia conmigo durante aquellos momentos en que tuve que postergar algunas actividades que habíamos planeado realizar juntos, con el fin de poder cumplir con las fechas de entrega para este libro. Muchas gracias a cada uno de ustedes.

# LA NECESIDAD

# DEL

# CRECIMIENTO

# ESPIRITUAL

# Capítulo 1

# El fundamento para el crecimiento

H ACE ALGUNOS AÑOS plantamos un árbol en el lado oeste de nuestra casa; esperábamos poder ver su crecimiento y eventualmente recibir la protección del sol al atardecer. Pero experimentamos una gran desilusión porque, por alguna razón, el árbol no creció. No se murió, pero tampoco creció. Posiblemente esto ocurrió porque desde el principio provino de una cosecha defectuosa. Después de varios intentos para ayudarlo en su crecimiento, decidimos removerlo y reemplazarlo con un árbol que felizmente creció. Pronto este nuevo árbol será lo suficientemente alto como para cumplir su propósito por el cual fue plantado. Protegerá nuestra casa del sol caliente dándole sombra en las tardes.

El crecimiento es una expresión normal en la vida. Sea que pensemos en plantas, animales o personas, esperamos que crezcan hasta que alcancen su madurez. Cuando algo o alguien no crece, sabemos que algo no está bien.

El crecimiento es una expresión normal en la vida cristiana. Los autores del Nuevo Testamento asumen que debemos crecer y nos urgen constantemente a buscar el crecimiento. Pedro nos dice: "Crezcan en la gracia y en el conocimiento de nuestro Señor y Salvador Jesucristo" (2 Pedro 3:18). Pablo nos instruye: "Al vivir la verdad con amor, creceremos hasta ser en todo como aquel que es la cabeza, es decir, Cristo" (Efesios 4:15).

En realidad, a diferencia de lo que ocurre en el aspecto físico, los cristianos nunca deben dejar de crecer espiritualmente. Pablo alabó a los creyentes tesalonicenses porque siempre buscaban cómo complacer a Dios y porque se amaban los unos a los otros. Aún así, en los dos casos, les urgía a que lo hicieran: "aún más" (1 Tesalonicenses 4:1, 10). Pablo deseaba que continuaran creciendo en estos aspectos de su vida cristiana. No existe el "cristiano adulto" que ya no necesite crecer. El crecimiento es normal no sólo para los nuevos creyentes, sino también para aquellos que han caminado con Dios por cincuenta años o más.

Por supuesto, casi todo crecimiento (físico y espiritual) es progresivo. No podemos observar a las plantas o a las personas crecer delante de nosotros de un momento a otro. Sólo podemos observarlo al pasar el tiempo. Esto es igual en la vida cristiana. Y, por supuesto, diferentes personas crecen de diferentes maneras. No crecemos todos al mismo ritmo. Pero aun cuando permitimos estas diferencias en las personas y en variadas etapas de crecimiento en nuestras propias vidas, la realidad es que todos debemos crecer espiritualmente. ¡Cuando un creyente no crece algo está mal!

Este libro presupone que aquellos que lo leen tienen el deseo de crecer. Hay algunas personas que, por una razón u otra, no desean crecer; y esto es una historia completamente diferente. Pero si usted ha decidido leer este libro, quizá sea porque desea crecer y está buscando toda la ayuda posible. Esta es mi actitud cuando decido leer un libro cristiano, y supongo que es también la suya. Entonces, necesitamos contestar esta pregunta: ¿Cómo crecemos espiritualmente?

Pensemos por un momento acerca del crecimiento físico. Los niños crecen sin ni siquiera pensar en ello. En realidad, nuestro crecimiento físico básico (altura y estructura física) está más allá de nuestro control. Mi hermano mayor alcanzó una altura de 1,88 cm. Yo esperaba seguir sus pasos. Cuando me di cuenta que paré de crecer al llegar a 1,75 cm y medio (siempre agrego el medio), me desilusioné. Pero no podía hacer nada. Aunque deseaba crecer a 1,88 cm de altura, ese deseo no podía hacerme crecer.

De todos modos, sabemos que todo crecimiento intelectual o crecimiento de alguna habilidad física es algo distinto. Cuando una niña empieza la escuela, debe aplicarse si desea crecer intelectualmente. Luego, si desea jugar en el equipo de baloncesto, debe aplicarse otra vez mental y físicamente.

Eventualmente, esta niña se convierte en una joven e irá a la universidad. Allí, desea prepararse para una carrera profesional. Se dedica a sus estudios porque desea sobresalir en la carrera que ha escogido. Obviamente, algunos estudiantes son más diligentes que otros. Algunos están satisfechos con simplemente ingeniárselas y sacar su título; pero aquellos que desean sobresalir se aplican. El crecimiento intelectual o profesional no ocurre así porque sí. Este viene sólo con esfuerzo intencional. Y, generalmente, el grado de crecimiento está directamente relacionado con el grado de esfuerzo.

Lo mismo sucede con el crecimiento espiritual. No ocurre así nomás. De hecho, ni ocurre a través de ósmosis espiritual; o sea, por sólo estar alrededor de otros creyentes e inconscientemente asimilar su espiritualidad. El crecimiento espiritual ocurre como resultado de un esfuerzo *intencional y apropiado*. La palabra *intencional* implica seguir diligentemente un objetivo claro. *Apropiado* indica que debemos usar los medios que Dios nos ha provisto en la Biblia para el crecimiento. Generalmente, nos referimos a estos medios de crecimiento como las "disciplinas espirituales". Exploraremos estas disciplinas en los siguientes capítulos. Por ahora, debemos explorar una base muy importante: la base de la gracia.

Hace más de 150 años, Archibald Alexander, el primer presidente de *Princeton Theological Seminary,* escribió algunos pensamientos acerca de los "obstáculos del crecimiento espiritual". El primer obstáculo notado fue "un defecto en nuestra creencia en el carácter gratuito de la gracia divina"[1]. En su elaboración detallada de esta declaración, él esencialmente nos dice que un entendimiento correcto de la gracia de Dios y una apropiación consistente de esta deben ser la base de todos nuestros esfuerzos personales para crecer espiritualmente.

## ¿QUÉ ES LA GRACIA?

Siendo que la gracia es la base de nuestro crecimiento cristiano, es importante que la entendamos correctamente. Lamentablemente, hay malentendidos acerca de la naturaleza de la gracia.

Quizás el concepto equivocado más común que tenemos acerca de la gracia está encerrado en la declaración que una vez leí: Gracia es la idea de que Dios nos ama y nos acepta tal y como somos, y que la aprobación de Dios no tiene que ser merecida; simplemente está ahí. En esta declaración Dios es pintado como proverbial e indulgente; como un abuelo divino en el cielo, que nos sonríe sin poner la más mínima atención a nuestro comportamiento y carácter. Esta es la com- prensión típica de la gracia de Dios de una persona corriente.

Al contrario, la Biblia nos enseña que la gracia de Dios "nos capa- cita para rechazar la impiedad y las pasiones mundanas. Así podremos vivir en este mundo con justicia, piedad y dominio propio" (Tito 2:12). Es verdad que Dios nos ama y nos acepta como pecadores "así como somos", pero él no nos deja de esa manera. Más bien, por la misma gra- cia con la que nos salva, él cambia a todo aquel que experimenta esa gracia.

La declaración: "la aprobación de Dios no tiene que ser merecida sino que simplemente está ahí", no es cierta. La aprobación de Dios *tiene* que ser ganada. Pero el evangelio nos dice que Jesucristo la ganó para nosotros por su vida pura y en su muerte al cargar nuestros peca- dos. Es cierto que no tenemos que ganar la bendición de Dios. De hecho, no puede ser ganada por nosotros; pero nos llega a nosotros sin ser merecida porque Jesús pagó por ella cuando tomó nuestro lugar como nuestro sustituto.

¿Y que de la definición de gracia usada por tanto tiempo como *la bendición de Dios sin ser merecida?* Aunque no está equivocada, creo que es inadecuada. He aquí una definición que creo que capta el significa- do bíblico de la gracia: *Gracia es el favor de Dios a través de Cristo hacia aquellos quienes merecen su desaprobación.*

Hay dos elementos en esta definición que están ausentes en la definición anterior. El primero, el darnos cuenta de que merecemos la desaprobación de Dios por nuestros pecados. O, poniéndolo en forma real y en términos bíblicos, merecemos su maldición (Gálatas 3:10).

El segundo elemento que he agregado es el término *por medio de*

*Cristo*. Es por medio de Cristo, por su muerte en la cruz, que no recibimos la desaprobación o maldición que merecemos. Como Pablo escribió en Gálatas 3:13: "Cristo nos rescató de la maldición de la ley al hacerse maldición por nosotros". Y es por medio de Cristo, por su obediencia perfecta a la voluntad de Dios, que recibimos las bendiciones que no merecemos. Cristo cargó nuestra maldición y ganó nuestra bendición. Este es el significado de la gracia. Vemos este concepto de Cristo cargando nuestra maldición y ganando nuestra bendición en 2 Corintios 5:21: "Al que no cometió pecado alguno, por nosotros Dios lo trató como pecador, para que en él recibiéramos la justicia de Dios".

En este lenguaje difícil de entender, Pablo nos dice que Dios cargó a Cristo con nuestro pecado y acreditó su justicia a nosotros. O sea: "Dios trató a Cristo como nosotros merecemos ser tratados para que así él pueda tratarnos a nosotros como él merece ser tratado". Esto es gracia.

Así que gracia es el favor de Dios hacia nosotros a través de Cristo, pero el favor de Dios es mucho más que simplemente una disposición favorable hacia nosotros. La gracia de Dios está siempre presentada en la Escritura como Dios en acción hacia nosotros para nuestro bien. Por ejemplo, la gracia de Dios nos salva (Efesios 2:8, 9; Romanos 5:1); nos da fuerza espiritual (2 Timoteo 2:1); nos sostiene durante las pruebas (2 Corintios 12:9); y nos equipa para el ministerio (Romanos 12:6). Podemos decir que cada bendición recibida es una expresión de la gracia de Dios. Esto significa que Cristo *ganó* todas estas bendiciones para nosotros a través de su vida pura y en su muerte al cargar nuestros pecados.

Es importante que nosotros comprendamos esta verdad esencial antes de proceder a beneficiarnos de los diversos medios de crecimiento que Dios nos ha dado. De lo contrario, sutil e inconscientemente empezaremos a ver a estas disciplinas que Dios nos ha dado para nuestro bien, como disciplinas para ser practicadas a fin de merecer o mantener su aprobación.

Recuerde nuestra definición de gracia. Jesús ya ganó la bendición de Dios para nosotros. Al igual que nosotros no podemos hacer nada para ganar nuestra salvación (la bendición más importante), tampoco podemos hacer nada para ganar el favor de Dios en nuestra vida diaria. Si no entendemos esta verdad, las disciplinas espirituales con intenciones de ayudarnos a crecer se tornaran en carga obligatoria que pensamos que debemos practicar para mantener la bendición de Dios.

## LOS SUJETALIBROS

Veamos a esta verdad de otra manera. ¿Alguna vez ha intentado acomodar libros en un estante sin usar unos sujetalibros? Ya sabemos lo que pasa. Los libros empiezan a caerse, primero de lado y luego uno por uno caerán inevitablemente al piso. Con frustración, hacemos lo que debíamos haber hecho desde un principio. Ponemos los sujetalibros y volvemos a poner los libros en su lugar.

Ahora, al considerar las varias maneras en que los cristianos crecen, piense en cada una de ellas como si fuera un libro que está poniendo en el estante de su vida. Para mantener estos libros en su lugar, necesita dos sujetalibros.

El primer sujetalibros que se necesita poner *es la justicia de Cristo*. La pregunta más importante que alguien puede preguntar es: ¿Cómo yo, un pecador, puedo ser aceptado por un Dios infinitamente santo y justo?

Pablo nos responde que es confiando en la justicia de Cristo. Pablo era un judío devoto, y sus credenciales religiosas eran impresionantes durante el tiempo en que vivió (Filipenses 3:4-6). Aun así, Pablo dice: "Por él lo he perdido todo, y lo tengo por estiércol, a fin de ganar a Cristo y encontrarme unido a él. No quiero mi propia justicia que procede de la ley, sino la que se obtiene mediante la fe en Cristo, la justicia que procede de Dios, basada en la fe" (Filipenses 3:8, 9).

Pablo encontró aceptación con Dios no en su propia obediencia imperfecta, aunque fuera impresionante, pero confiando en la perfecta justicia de Jesucristo la cual Dios otorga a quienes confíen en él como salvador. Esto es lo que es la fe: confiar sólo en Jesucristo como nuestro salvador.

En Romanos 3 y 4, y en Gálatas 2, Pablo usa un término legal para describir la justicia que él y otros creyentes tienen en Cristo. Es la palabra *justificación,* la cual proviene del verbo "justificar" y significa declarar justo. En otras palabras, cuando confiamos en Cristo como salvador, Dios nos justifica o nos declara justos sobre la base de que ha cargado en Cristo nuestros pecados y ha acreditado su justicia a nosotros. Dios hace esto en el mismo momento en que confiamos en Cristo. Así que podemos decir que justificación es un evento que ocurrió en nuestro pasado. Pero para Pablo, justificación era más que un evento pasado. Es obvio al leer cuidadosamente en Filipenses 3:9 que él lo consideraba una *realidad presente.* Cada día Pablo vivía en la gloriosa realidad que estaba delante de Dios vestido en la justicia de Cristo y aceptado por Dios en base a esa justicia.

Si nosotros vamos a tener éxito poniendo en el estante de nuestra vida los varios volúmenes de disciplinas cristianas que necesitamos para crecer, debemos sin duda tener firmemente en su lugar el sujetalibros de la justicia de Cristo.

El segundo sujetalibros que debemos poner en su lugar *es el poder de Cristo*. Así como nuestra aceptación con Dios debe venir mediante la justicia de Cristo, también nuestro poder para vivir la vida cristiana debe venir de Cristo. Muy a menudo tratamos de vivir por nuestra propia voluntad y disciplina. Pensamos que si leemos la Biblia a menudo y oramos bastante, creceremos. Enfrentamos la vida cristiana como un estudiante enfrenta un curso difícil en la universidad: con más empeño. Esta actitud presupone que tenemos la habilidad dentro de nosotros de crecer y madurar como creyentes. Pero, como Jesús indica en Juan 15:5, no tenemos la habilidad para crecer por nosotros mismos. Toda habilidad debe provenir de él.

Piense en un aparato eléctrico que usa para cuidado personal o en la cocina. Yo pienso en mi afeitador eléctrico. Este afeitador tiene en su estuche un pequeño motor que causa que el aparato haga su trabajo. Pero ese motor no tiene el poder por sí solo. Es completamente dependiente de una fuente externa de corriente eléctrica. Sin este poder, no sirve.

Nosotros hemos recibido un corazón nuevo cuando nos convertimos (Ezequiel 36:26, 27). Ocurrió un cambio fundamental dentro de nosotros. Realmente, somos nuevas creaciones en Cristo. Usando la analogía del afeitador, tenemos un nuevo motor diseñado para recibir corriente eléctrica. Pero el poder sigue estando fuera de nosotros. Reside en Jesucristo y es aplicado a nuestros corazones por el Espíritu Santo al depender de él.

Por eso Pablo hace declaraciones como: "Todo lo puedo en Cristo que me fortalece" (Filipenses 4:13), y: "Con este fin [es decir, para continuar mi ministerio] trabajo y lucho fortalecido por el poder de Cristo que obra en mí" (Colosenses 1:29).

Pablo esperaba crecer en su vida espiritual, y esperaba ser fructífero en su ministerio. Sin embargo, su confianza no estaba basada en su propia habilidad o determinación sino en el hecho de que podía contar con el poder de Cristo trabajando en él para permitirle hacer lo necesario.

En el capítulo 7 exploraremos más detalladamente cómo podemos usar el poder de Cristo. Por ahora, nos basta entender que necesitamos estos dos *"sujetalibros"*.

Una observación por adelantado nos será útil. Por lo general, los sujetalibros vienen en pares, los dos con un diseño común. Nuestros sujetalibros espirituales de crecimiento cristiano, también vienen en pareja. El elemento común de su diseño es la palabra *dependencia*. Dependemos de la justicia de Cristo para ser aceptados por Dios, y dependemos del poder de Cristo para nuestra habilidad de lograr nuestro crecimiento espiritual.

Esta idea de dependencia es completamente contraria a nuestra manera cultural de pensar. Queremos ganarnos la aceptación con Dios a través de nuestro rendimiento. Nos enseñaron en diferentes maneras que "no existe nada gratis" y que "hay que pagar por todo lo que se recibe". La idea de basar nuestra posición delante de Dios en lo que otro pagó, en la vida pura de Cristo y su muerte al cargar nuestros pecados, es un concepto difícil de aceptar.

De igual manera, se nos ha enseñado a confiar en nosotros mismos; a buscar dentro de nosotros mismos aquello que necesitamos. Se nos ha asegurado que podemos hacer lo que queramos si creemos en nosotros mismos y nos esforzamos. La idea de buscar fuera de nosotros mismos el poder para crecer espiritualmente va en contra de todo lo que nos han enseñado, y también es difícil de aceptar.

Pero si vamos a experimentar el éxito de poner en el estante de nuestra vida los varios "libros" de crecimiento cristiano, debemos primero poner en su lugar estos dos sujetalibros. Debemos aprender a depender tanto de la justicia como del poder de Cristo. Esto es lo que significa vivir por gracia. Y es por esto que la gracia es el fundamento del crecimiento espiritual.

# Capítulo 2

# Impulsados por
# el amor

VIVIR POR GRACIA significa estar libre de tener que ganarse la bendición de Dios a través de la obediencia o la práctica de disciplinas espirituales. Si usted ha confiado en Cristo como su salvador, es amado y aceptado por Dios a través del mérito de Jesús, y es bendecido por Dios a través del mérito de Jesús. No hay nada que usted pueda hacer que logre que él le ame más o que le ame menos. Él le ama estrictamente por su gracia dada a través de Jesús[1.]

¿Cómo le hace sentir este énfasis sobre la gracia soberana y generosa de Dios? ¿Le espanta un poco saber que nada que haga logrará que Dios le ame o le bendiga más? Puede que piense: *Bueno, si no estoy presionado y usted me dice que ningún esfuerzo que haga me proveerá ni una sola bendición más, entonces temo descuidarme y dejar de hacer las cosas que necesito hacer para vivir una vida cristiana disciplinada.*

Este tipo de respuesta siempre es posible. Es más, si nuestro concepto de gracia no nos expone a este posible malentendido, realmente no tenemos un entendimiento correcto de la gracia. Creo que porque tenemos temor de caer en esta actitud es que a menudo cambiamos la doctrina de la gracia por una doctrina de obras.

El apóstol Pablo reconoce que la gracia de Dios puede ser malentendida cuando escribe: "¿Vamos a persistir en el pecado, para que la gracia abunde?" (Romanos 6:1). El ya fallecido Dr. Martyn Lloyd-Jones, de Inglaterra, uno de los más capaces y respetados expositores de la Biblia del siglo veinte, al responder a esta pregunta dijo:

> El verdadero mensaje del evangelio de salvación sólo por la gracia, siempre nos puede dirigir a la posibilidad de esta acusación en su contra. No hay mejor prueba para saber si alguien está realmente predicando el evangelio de salvación del Nuevo Testamento que esta: el que quizá algunas personas puedan malinterpretar el verdadero significado de la gracia y crean que porque son salvas sólo por gracia, no importa lo que hagan, pueden continuar pecando cuanto deseen porque así tendrá aún más efecto la gloria de la gracia[2].

La gracia de la salvación es la misma gracia por la cual vivimos la vida cristiana. No somos salvos por gracia y bendecidos por obras. En Romanos 5:2, Pablo dijo: "También por medio de él, y mediante la fe, tenemos acceso a *esta gracia en la cual nos mantenemos firmes*" (énfasis agregado). No somos sólo justificados por la gracia a través de la fe, sino que cada día nos *basamos* en esta misma gracia. Así como la predicación del evangelio de la salvación por gracia está expuesta a malentendidos, así lo está la enseñanza de vivir por gracia.

La solución para el problema de los malentendidos y el abuso de la gracia de Dios no está en agregar obras a la gracia. En lugar de eso, la solución es estar tan cautivados por la magnificencia y la generosidad ilimitada de la gracia de Dios que respondemos con agradecimiento en vez de con un sentimiento de obligación. Como dijo Stephen Brown: "El problema [no es] que hicimos al evangelio demasiado bueno. El problema es que no lo hicimos lo suficientemente bueno"[3].

Muy a menudo cuando pensamos en el crecimiento cristiano, llenamos el evangelio de la gracia de Dios con muchos "deberes". "Si voy a crecer, debo hacer esto"; y "debo hacer aquello". "Debo comprometerme más, disciplinarme más, ser más obediente". Cuando pensamos o enseñamos de esta manera, estamos en peligro de sustituir la obligación y el deber por un reconocimiento amoroso de la gracia de Dios.

Déjenme aclarar esto. Debemos practicar el compromiso, la disciplina y la obediencia. Debemos estar completamente comprometidos a someternos al señorío de Jesucristo en cada aspecto de nuestra vida. Pero debemos estar comprometidos en esta área como una respuesta agradecida a la gracia de Dios, no para intentar ganarnos la bendición de Dios.

Nuestra *motivación* al compromiso, la disciplina y la obediencia es importante para Dios, quizá más que nuestra *ejecución*. Como escribió Ernest F. Kevan: "Las demandas de la ley son interiores, afectando motivaciones y deseos, y no están preocupadas sólo con las acciones externas"[4].

David le dijo a Salomón: "Y tú, Salomón, hijo mío, reconoce al Dios de tu padre, y sírvele de todo corazón y con buena disposición, pues el Señor escudriña todo corazón y discierne todo pensamiento" (1 Crónicas 28:9). El apóstol Pablo repite la importancia de los motivos cuando escribe con respecto a la venida del Señor: "Él sacará a la luz lo que está oculto en la oscuridad y pondrá al descubierto las intenciones de cada corazón" (1 Corintios 4:5).

Dios escudriña el corazón y entiende cada motivo. Para ser aceptables a él, nuestros motivos deben provenir de un amor hacia él y de un deseo de glorificarlo sólo a él. Nuestros esfuerzos para crecer a través de una motivación legalista, como por el temor a las consecuencias o para recibir las bendiciones de Dios, no son agradables a Dios. Entonces, nuestro deseo de crecer y agradar a Dios no es bueno al menos que sea motivado por el amor hacia Dios y el deseo de glorificarlo a él. Pero no podemos tener una motivación enfocada en Dios si pensamos que debemos ganar las bendiciones de Dios a través de nuestra disciplina, o si tememos que perderemos la bendición de Dios por nuestra falta de ella. Tal motivación orientada en obras es esencialmente egoísta; está motivada más por lo que pensamos que podemos alcanzar o perder de Dios que por una respuesta agradecida a la gracia que ya nos ha dado a través de Jesucristo.

Vivir bajo la gracia de Dios en vez de bajo un sentido de obligación nos libera de esta motivación egoísta. Nos libera para así poder obedecer y servir a Dios con el reconocimiento amoroso y agradecido por nuestra salvación y por las bendiciones que ya han sido garantizadas por su gracia. Por consiguiente, la comprensión correcta de la gracia de Dios, lejos de crear una actitud indiferente y negligente en nosotros, nos proveerá de la única motivación que le agrada a él. Sólo cuando estamos completamente convencidos de que la vida cristiana es totalmente por gracia, podremos gozar al practicar las disciplinas que nos ayudan a crecer.

Quisiera clarificar algo adicional, para no ser malentendido. Cuando enfatizo una motivación hacia Dios para nuestra disciplina y obediencia, no estoy hablando de inclinación ni de sentimientos. No debemos esperar hasta que "sintamos" que debemos dedicar un momento a la meditación para hacerlo. Y de seguro, no debemos esperar hasta que nos sintamos inclinados a obedecer los mandamientos de Dios. La motivación no tiene nada que ver con los sentimientos o las inclinaciones; mejor dicho, se refiere a la *razón* por la que hacemos o no hacemos algo. Para la persona quien vive por gracia, esa razón debe de ser una respuesta amorosa a la abundante gracia de Dios ya manifestada en Cristo.

## IMPULSADOS POR EL AMOR

En 2 Corintios 5:14, 15, Pablo dijo:

> El amor de Cristo nos obliga, porque estamos convencidos de que uno murió por todos, y por consiguiente todos murieron. Y él murió por todos, para que los que viven ya no vivan para sí, sino para el que murió por ellos y fue resucitado.

Aunque hay muchas verdades espirituales en este pasaje, la enseñanza esencial es que el amor de Cristo nos impulsa a dejar de vivir para nosotros y empezar a vivir para aquel que murió y resucitó por nosotros. La idea aquí es comprometerse al señorío de Jesucristo en cada aspecto de nuestra vida. Ya no debemos vivir para nosotros mismos, sino para él. Debemos hacer de su voluntad la norma para nuestra vida, y de su gloria el objetivo para la cual vivimos. Esto es lo que significa crecimiento espiritual. ¿Pero cuál es la fuente de este compromiso? ¿Qué principio motivador causará que una persona ya no viva más para sí misma sino para Dios?

Pablo dijo que el amor de Cristo nos obliga a hacer este tipo de compromiso y a llevarlo a cabo día tras día. *Obligar* es una palabra fuerte y frecuentemente tiene una asociación negativa con coartar y forzar. Pero aquí su significado es positivo. Charles Hodge escribió que el amor de Cristo "obliga o presiona y, por lo tanto, impulsa. Es la fuerza gobernante que controla la vida"[5]. No es el temor a las consecuencias o a las expectativas de recompensa lo que motiva a Pablo. Sino que el amor de Cristo manifestado al morir por él es la fuerza que conduce su vida.

El Nuevo Testamento de Williams es conocido por su cuidadoso uso de los tiempos verbales griegos, y es particularmente beneficioso aquí. Williams tradujo la primera frase de 2 Corintios 5:14 en esta manera: "El amor de Cristo me restringe continuamente". Note el uso de la palabra *continuamente*, indicando el amor de Cristo como la fuente de motivación de Pablo cada día. Pablo nunca perdió de vista, ni se olvidó, ni tomó por sentado la muerte de Cristo por él. Al reflexionar en este amor infinito manifestado por la muerte de Cristo, él fue convencido, no, fue conmovido e impulsado a vivir por aquél quien murió por él y resucitó.

A veces, cuando hablo de vivir por gracia en vez de hacerlo por obras, las personas se ponen nerviosas. Algunos me han advertido de que he "ido demasiado lejos" en este aspecto de la gracia. Me cuentan historias de personas quienes, después de escuchar el mensaje de la gracia de Dios, han cometido algún pecado muy grosero. Acepto que es posible malinterpretar la gracia. Pero yo creo que, en la mayoría de los casos, las personas que abusan aparentemente de la gracia no han entendido realmente lo que significa la gracia tal como la he definido en el primer capítulo. En vez de eso, la han entendido de acuerdo con la idea popular de que gracia significa que a Dios no le importa cómo vivimos.

Las personas que realmente entienden la gracia de Dios, no sólo intelectualmente sino en lo más íntimo de su ser, no abusarán de la gracia viviendo irresponsablemente. Una vez, mientras leía Romanos en mi lectura bíblica diaria, llegué al capítulo 4 y leí estas palabras en los versículos 7 y 8:

> ¡Dichosos aquellos a quienes se les perdonan las transgresiones y se les cubren los pecados! ¡Dichoso aquel cuyo pecado el Señor no tomará en cuenta!

Cuando leí: "Dichoso aquel cuyo pecado el Señor *no* tomará en cuenta" (énfasis agregado), lloré con gozo y gratitud. ¡Qué ánimo fantástico saber que Dios *nunca* me juzgará por ninguno de mis pecados! Yo sé que soy de naturaleza pecadora al igual que cualquier otro, y que sin la influencia del Espíritu Santo en mi vida soy completamente capaz de cometer pecados de inmoralidad, borracheras, robo y más. Pero estos no son los pecados que más me perturban. Mi mayor problema son los pecados que yo llamo "refinados", como el egoísmo, el orgullo, la impaciencia, la actitud de crítica y el espíritu de juzgar.

A pesar de que yo llamo a estas áreas de pecados "refinados", son pecados muy reales. Son pecados por los cuales yo no quisiera tener que dar cuenta delante de Dios. Son pecados que, a no ser por la muerte de Cristo por mí, me mandarían al infierno eterno. Y, si Dios funcionara sobre la base de méritos en vez de gracia en esta vida, son pecados que impedirían toda bendición de parte de él. En pocas palabras, estos pecados "refinados" son demasiado problemáticos.

Entonces, cuando leí que Dios nunca va a contar en mi contra mi egoísmo, mi orgullo, mi impaciencia y mucho más, lloré de gozo. Paré de leer y expresé una profunda oración de agradecimiento a Dios por su perdón tan generoso. ¿Y luego qué hice? ¿Me dije: *Bueno, si Dios no va a contar estos pecados en contra de mí, realmente no importa si los cometo o no?* ¿Pensé quizá: *Como Dios no los va a contar en contra de mí, mejor ni me ocupo de todo el dolor espiritual de tratar de deshacerme de estos rasgos impíos?*

Por supuesto que no pensé así. Más bien le pedí a Dios que me limpiara de esos malos hábitos en mi persona. Le pedí que me ayudara a estar más y más al tanto de situaciones específicas donde estoy cometiendo estos pecados y así poder, a través de su Espíritu, darles muerte; tal como Pablo nos dice en Romanos 8:13: "...pero si por medio del Espíritu dan muerte a los malos hábitos del cuerpo, vivirán". Al igual que Pablo, yo fui impulsado por su amor a dar muerte a estos pecados.

## REVERENCIA A DIOS

Junto con un sentido de gratitud profunda por su gracia, debemos estar motivados a crecer y a obedecer a Dios por un sentimiento profundo de reverencia por él. Cuando José fue tentado por la esposa de Potifar a cometer un acto inmoral, su respuesta fue: "¿Cómo podría yo cometer tal maldad y pecar así contra Dios?" (Génesis 39:9). Él no calculó la cólera de Potifar o la pena de perder la bendición de Dios. Fue motivado por la reverencia a Dios. Estaba preocupado por la desobediencia a un Dios soberano y santo aunque Dios había permitido que fuera vendido como esclavo por sus propios hermanos.

Cuando el apóstol Pablo escribió a los creyentes en Corinto, combinó estos dos elementos para tener una vida motivada por Dios: gratitud y reverencia. En 2 Corintios 7:1, él les dijo: "Como tenemos estas promesas, queridos hermanos, purifiquémonos de todo lo que contamina el cuerpo y el espíritu, para completar en el temor de Dios la obra de nuestra santificación".

Pablo se refiere a las promesas de que Dios sería nuestro Dios y nuestro Padre, y que nos haría sus hijos e hijas. Philip Hughes comentó en este pasaje: "La consecuencia lógica de poseer estas promesas es que los que siguen a Cristo deben cortar por completo con cualquier forma de compromiso nocivo"[6]. Aquí vemos una vez más que las promesas vienen antes que el deber, y que el deber brota de una respuesta profunda a las promesas de Dios.

Pero Pablo continuó diciendo: "nuestra reverencia a Dios". *Reverencia* es un sentir de profundo temor, respeto y devoción. Es un reconocimiento de lo que Dios se merece, de la infinita majestad de su ser, y de la perfección infinita de su carácter. Debido a quién es él y qué es él, Dios es infinitamente digno de mi diligente y amorosa obediencia, aunque yo nunca recibiera ni una sola bendición de su mano. El hecho es que, por supuesto, yo he recibido innumerables bendiciones de parte de él. Pero es que su dignidad proviene de sí mismo; no está condicionada a la cantidad de bendiciones que tú y yo recibimos de él.

En Romanos 12:1, Pablo nos urge, al ver la misericordia de Dios, a ofrecer nuestros cuerpos como sacrificio vivo a él. ¿Es él digno de tal sacrificio? ¡Por supuesto que lo es! Es infinitamente digno. Pero nuestra motivación a obedecer y servir a Dios no puede elevarse a tales alturas hasta que no aprendamos a vivir cada día por gracia y a sentir diariamente la libertad de la esclavitud de tener que ganarla por nuestras obras.

Yo creo que una respuesta genuina a la dignidad de Dios es la motivación más importante para llevar a cabo las disciplinas de crecimiento espiritual y obediencia al servicio de Dios. Pero no podemos "alcanzar" ese nivel de motivación hasta que seamos motivados por su gracia, misericordia y amor. No podemos estar libres para pensar en lo digno que es Dios y en la gloria de Dios mientras seguimos luchando para ganar nuestra propia aceptación de él.

## CRECIENDO EN GRACIA

El término *creciendo en gracia* se usa frecuentemente para indicar crecimiento en la personalidad cristiana. Aunque pienso que usarlo de esa manera tiene mérito, un significado más preciso es continuar creciendo en la comprensión de la gracia de Dios, especialmente como se aplica a nosotros personalmente, para ir reconociendo progresivamente nuestra bancarrota espiritual y las bendiciones recibidas de Dios que no merecemos. Crezcamos todos en la gracia en este sentido.

Al crecer en gracia de esta manera, creceremos en nuestra motivación a obedecer a Dios desde un sentimiento de gratitud y reverencia a él. Nuestra obediencia siempre será imperfecta en su ejecución en esta vida. Nunca podremos obedecerle perfectamente hasta que seamos hechos perfectos en él. De la misma manera, nuestros motivos nunca serán consistentemente puros; habrá frecuentes "puntos merecidos" mezclados mentalmente con nuestro amor genuino y reverencia por Dios.

Por lo tanto, no se desanime si llega a darse cuenta de que sus motivos han estado orientados mayormente sobre la base de los méritos. Empiece ahora a moverse hacia motivos por gracia. Empiece a pensar diariamente acerca de implicaciones de la gracia de Dios en su vida. Memorice y medite frecuentemente en pasajes de la Escritura como Romanos 12:1 y 2 Corintios 5:14, 15. Ore acerca de las verdades de estos pasajes y pídale a Dios que le motive mediante su misericordia y amor. Cuando reconozca que tiene dentro de usted motivos orientados por los méritos, renuncie y límpiese completamente de ellos recurriendo a la gracia de Dios y al mérito de Jesucristo. De este modo, al crecer en la gracia descubrirá que el amor de Dios le impulsa a vivir no para usted mismo, sino para y por aquél quien murió por nosotros y resucitó.

# LOS RECURSOS

# DEL

# CRECIMIENTO

# ESPIRITUAL

# CAPÍTULO 3

# DISCIPLINADOS
# POR LA GRACIA

E L TÍTULO DE este capítulo parece ser un poco contradictorio. Disciplina sugiere restricción y legalismo, reglas y regulaciones, y un Dios que desaprueba a cualquiera que se divierte. Gracia, en cambio, quiere decir libertad de toda regla, vivir sin estructura y espontáneamente y, más que nada, significa que Dios nos ama sin condiciones a pesar de nuestro comportamiento pecaminoso.

Pero esta manera de pensar demuestra una comprensión equivocada de las palabras gracia y disciplina. Considere, por ejemplo, Tito 2:11, 12: "En verdad, Dios ha manifestado a toda la humanidad su gracia, la cual trae salvación y nos enseña a rechazar la impiedad y las pasiones mundanas. Así podremos vivir en este mundo con justicia, piedad y dominio propio". Como podemos ver en este pasaje, la misma gracia que nos trae salvación también nos disciplina como creyentes. Me referí brevemente a este versículo en el primer capítulo, pero ahora necesitamos verlo más a fondo para entender la relación entre la gracia de Dios y nuestra práctica de las disciplinas espirituales. Los versículos leen: "...Dios ha manifestado... su gracia, la cual... nos *enseña*". La palabra traducida como "enseña", significa mucho más que la idea usual de impartir conocimiento, que generalmente le asignamos. Originalmente, fue usada como un término para criar a niños, no sólo en la instrucción, pero también en la advertencia, reprobación y castigo, administrado con amor y a beneficio del niño. El apóstol Pablo usa la misma palabra en Efesios 6:4 cuando se dirige a los padres para que críen a sus hijos en la enseñanza (esto es, disciplina) e instrucción del Señor.

Usada en el sentido espiritual, disciplina incluye toda instrucción, toda reprobación y corrección, y toda circunstancia providencial en nuestra vida que va dirigida a cultivar el crecimiento espiritual y un carácter piadoso. Y aunque en el reino físico, cuando los niños eventualmente alcanzan la madurez ya no están más bajo la disciplina de los padres; en el reino espiritual permanecemos bajo la disciplina de Dios, nuestro Padre celestial, a lo largo de nuestra vida.

Así que vemos que la misma gracia que nos trae salvación también nos enseña a vivir vidas que agraden a Dios. Todos los procesos disciplinarios de Dios están basados en su gracia, esa bendición incondicional que no merecemos. Tendemos a equiparar la disciplina con reglas y conducta esperada; Dios la equipara con el cuidado firme pero amoroso de nuestras almas.

Cuando me presentaron por primera vez la idea del discipulado cristiano, me entregaron una lista de siete disciplinas espirituales que debía de practicar todos los días; cosas como: tiempo devocional diario, estudio bíblico, memorización de la Escritura y oración. Todas estas disciplinas fueron de gran ayuda para mí, y estoy agradecido por cada una de estas. Me han dado estructura para mi crecimiento espiritual. Por supuesto, examinaremos algunas de estas disciplinas en los próximos capítulos.

Sin embargo, mientras aprendía estas disciplinas llegué a creer que mi relación diaria con Dios dependía de que cuán fielmente yo las usara. En realidad, nadie me dijo que la aprobación de Dios estaba basada en el cumplimiento fiel de estas disciplinas. De todos modos, desarrollé una impresión vaga pero real de que la sonrisa o la desaprobación de Dios dependía de si yo hacía mis ejercicios espirituales o no. El desafío a mantener fielmente mi tiempo a solas con el Señor, probablemente contribuyó a que formara esta impresión en mí.

Mi experiencia no es única. Un amigo mío, quien ministra en una universidad, me contó de un estudiante que era excepcionalmente diligente en tener su tiempo diario a solas con el Señor. Mi amigo le preguntó al estudiante por qué era tan rígido en su práctica, y el joven respondió: "Para que no me pase nada malo". No estaba siendo disciplinado por la gracia, sino por el temor.

Por nuestra naturaleza humana, nuestra cultura y aun por nuestra crianza, estamos orientados a darle mucha importancia a la actuación personal. En muchas ocasiones, la aceptación de un niño por parte de sus padres está basada más en lo que el niño hace que en lo que el niño es. Muchas veces, este comportamiento tiende a ser tan marcado en nuestra sociedad que transmitimos esta manera de pensar aun a nuestra relación con Dios. Así que, sea que este comportamiento es nuestra manera de responder a la disciplina de Dios o la forma como practicamos las disciplinas espirituales, que son tan buenas y nos ayudan tanto, tendemos a pensar que es la "ley" de Dios la que nos disciplina en vez de pensar que es la gracia de Dios.

Pablo dijo que es la misma gracia, la bendición de Dios que no merecemos, la que en primer lugar nos trajo salvación y la que nos disciplina. Esto quiere decir que nuestras reacciones a la manera en que

Dios nos trata y toda nuestra práctica de las disciplinas espirituales deben estar basadas en el conocimiento de que Dios se ocupa de nosotros a través de su gracia. Y significa que todo nuestro esfuerzo por enseñar a otros cómo vivir una vida santa y cómo alcanzar la madurez espiritual debe basarse en la gracia. Si fallamos en enseñar que la disciplina es por la gracia, las personas supondrán, como lo hice yo, que es a través de las obras.

Por esto debemos continuar enfatizando el concepto de los "sujetalibros" del crecimiento cristiano, de los cuales hablé en el primer capítulo. Una vez que empezamos a crecer, se nos hace tan difícil entender que Dios se relacione con nosotros cada día a través de su gracia como se le hace difícil a una persona creer que Dios la salva por medio de la gracia y no por sus acciones. Entonces, necesitamos volver cada día a la gracia de Dios. Y debemos continuar enseñando y predicando a aquellos a quienes ministramos, de una manera o de otra, ya sea en la Escuela Dominical, o en algún estudio bíblico o quizás en un curso de discipulado uno a uno. El crecimiento espiritual debe estar basado en la gracia de Dios.

## LA SALVACIÓN Y LA DISCIPLINA SON INSEPARABLES

Otra realidad que vemos en Tito 2:11, 12 es que la salvación y la disciplina espiritual son inseparables. La gracia que nos trae salvación también nos trae disciplina. No puede haber una sin la otra. Esto significa que Dios no salva a las personas para luego dejarlas solas para que continúen en la inmadurez y vida pecaminosa. A aquellos a quienes él salva, los disciplina. En Filipenses 1:6, Pablo dijo esto de otra manera: "El que comenzó tan buena obra en ustedes la irá perfeccionando hasta el día de Cristo Jesús".

Este pensamiento es a la vez animador y severo. Nos anima porque nos asegura que nuestro crecimiento espiritual no depende de nuestra iniciativa, ni de nuestra sabiduría para saber en qué área y en qué dirección necesitamos crecer, sino que es Dios mismo quien inicia y dirige nuestro crecimiento espiritual. Esto no significa que no tenemos la responsabilidad de responder a las enseñanzas y al entrenamiento espiritual de Dios en nuestra vida, pero sí dice que él está a cargo de nuestro entrenamiento.

Por supuesto, Dios usará a otras personas —como pastores y otros cristianos maduros— como sus agentes; y también usará varios medios —como su Palabra y las circunstancias— para disciplinarnos; pero él asume la responsabilidad última. Y él, como el ser infinito en sabiduría, sabe qué medios usar en nuestra vida en un momento dado. Entonces, nuestra respuesta debe ser una de confianza y obediencia a él. Usando las palabras del autor de Hebreos, debemos orar para "que él los capacite en todo lo bueno para hacer su voluntad. Y… cumpla en nosotros lo que le agrada" (13:21).

Al mismo tiempo, esta unión inseparable entre la gracia de Dios y la disciplina espiritual es una verdad severa. Uno tiene sólo que ver a la cristiandad, particularmente en EE. UU. de A., para ver que hay un gran número de personas quienes afirman haber confiado en Cristo en algún momento de sus vidas, pero no parecen haber experimentado la disciplina de la gracia. Quizá pasaron al frente en algún templo, firmaron una tarjeta de decisión, o aun repitieron una oración de entrega;

pero la gracia no les ha enseñado a decir no a lo impuro y a las cosas del mundo; y mucho menos a vivir con honradez, dominio propio y pureza. Esencialmente, sus vidas no son nada diferentes hoy a lo que eran antes de profesar confianza en Cristo.

Al pensar en estas personas, me acuerdo de las palabras de Hebreos 12:8: "Si a ustedes se les deja sin la disciplina que todos reciben, entonces son bastardos y no hijos legítimos". Y Jesús mismo dijo: "No todo el que me dice: 'Señor, Señor', entrará en el reino de los cielos, sino sólo el que hace la voluntad de mi Padre que está en el cielo" (Mateo 7:21). No son sólo aquellos que han hecho simplemente una profesión, sino aquellos en cuyas vidas hay evidencia de la enseñanza paternal de nuestro Dios, quienes son los que heredarán la vida eterna.

Esta verdad severa debe de ser reflexionada sinceramente por cada uno de nosotros. ¿Me está disciplinando la gracia de Dios? El apóstol Pablo dijo: "Examínense para ver si están en la fe; pruébense a sí mismos. ¿No se dan cuenta de que Cristo Jesús está en ustedes? ¡A menos que fracasen en la prueba!" (2 Corintios 13:5). Y el apóstol Pedro nos exhorta: "…esfuércense más todavía por asegurarse del llamado de Dios, que fue quien los eligió" (2 Pedro 1:10). ¿Está confiando verdaderamente en Jesucristo como su único Salvador, sin agregar mentalmente algo de su propia virtud? ¿Hay alguna evidencia de que ha muerto al reinado del pecado a través de la unión con Jesucristo? (vea el capítulo 9). Y, ¿está la gracia de Dios trabajando en su ser interior para disciplinarlo o enseñarle a crecer espiritualmente? Si su repuesta honesta es "no", le insto a venir a él y a creer en sus palabras que dicen: "Al que a mí viene, no lo rechazo" (Juan 6:37).

Permítame aclarar bien este punto. No perseguimos el crecimiento espiritual o la evidencia de la disciplina de Dios para conseguir la salvación. Esta sería una salvación basada en las obras. Más bien, la disciplina de Dios en nuestra vida y el deseo de crecer por parte nuestra, aun por muy pequeño que sea, son el resultado inevitable de recibir por fe el regalo de la salvación de Dios. Como se ha citado muchas veces a Martín Lutero diciendo: "Somos salvos sólo por fe, pero la fe que nos salva nunca está sola".

## LA GRACIA NOS ENSEÑA A DECIR NO

Aun otra realidad que vemos en Tito 2:11, 12 es que la disciplina que la gracia nos administra tiene un aspecto negativo y uno positivo. Esto no nos debe sorprender cuando pensamos en la disciplina y la enseñanza de los niños. Cada padre responsable no sólo quiere atacar el mal comportamiento en un niño, sino que también desea promover los rasgos positivos en su carácter. Los dos son necesarios en la enseñanza física del niño y los dos son necesarios también en el reino espiritual.

Primero, la gracia nos enseña a decir no a las perversidades y a las pasiones mundanas. Perversidades generalmente se igualan con maldades: aquello que es inmoral, deshonesto, cruel, pernicioso o desagradable (ver, por ejemplo, Romanos 1:18-32). La perversidad, sin embargo, en su sentido más amplio significa básicamente desatender a Dios, ignorarlo, o no darle la atención en la vida de uno. Es la falta de temor santo  y de reverencia por él. La maldad que Pablo describe en Romanos 1:18-32 empieza con la perversidad, con la idea de que: "A pesar de haber conocido a Dios, no lo glorificaron como a Dios ni le dieron gracias" (versículo 21). Entonces, en este sentido amplio, una persona puede ser altamente moral y aun benévola, pero igual ser una persona perversa.

En una crítica del libro *Timelines of the Ancient World* (Períodos del Mundo Antiguo), publicado por el Instituto Smithsoniano, el crítico indica que aunque ciertos personajes de la historia como Alejandro el Grande están debidamente mencionados, no se dice ni una sola palabra acerca de los grandes hombres de la Biblia como Moisés, Abraham o David. Aún más llamativo es el hecho de que apenas se hace una referencia indirecta a Jesucristo, a pesar de que el libro usa las abreviaturas a. de J.C. y d. de J.C., para las fechas. Los editores testificaron inconscientemente de la realidad histórica de Jesús, alrededor de quien se mide el tiempo, pero sin tan siquiera mencionar su nombre. Sospecho que los editores del Instituto Smithsoniano son personas buenas y decentes, del tipo que uno gozaría de tener como vecinos. Pero si el libro es un indicador, son personas perversas. No tienen respeto por Dios.

Cuando confiamos en Cristo como nuestro salvador, traemos *un hábito* de perversidad a nuestra nueva vida en Cristo. Como los editores para el Smithsonian, estábamos acostumbrados a vivir sin consideración por Dios. Al no ser creyentes, no nos preocupábamos por su gloria ni su voluntad. Básicamente, lo ignorábamos. Pero ahora que hemos sido liberados del dominio del pecado y hemos sido traídos bajo el reino de la gracia, ésta nos enseña a renunciar a esta actitud (al igual que a las acciones) de perversidad. Obviamente, esta enseñanza no se da toda de una sola vez. De hecho, Dios estará desarraigando la perversidad de nuestra vida durante todo el tiempo que vivamos en este mundo.

La gracia también nos enseña a decir no a las pasiones mundanas, al deseo inmoderado y a las preocupaciones por las cosas del mundo tales como las posesiones, el prestigio, el placer o el poder. Las pasiones mundanas son lo opuesto a la actitud que Pablo nos demanda a tener cuando escribe: "Los que disfrutan de las cosas de este mundo, como si no disfrutaran de ellas; porque este mundo, en su forma actual, está por desaparecer" (1 Corintios 7:31).

¿Qué significa decir no a la perversión y a las pasiones mundanas? Básicamente, significa cortar decisiva y definitivamente con esas actitudes y prácticas. En un sentido, el romper decisivamente es un acto divino que ocurrió cuando morimos al dominio del pecado en nuestra vida. De hecho, el tiempo usado en el idioma griego denota la idea *habiendo negado* la perversidad y las pasiones mundanas; es un acto previo. En otro sentido, sin embargo, necesitamos trabajar para poder lidiar con el pecado dando muerte a los malos hábitos del cuerpo (Romanos 8:13). Desarrollaremos esta idea más adelante en el capítulo 10. Por ahora, al decirle no a las pasiones mundanas, queremos decir: "Que se aparten de los deseos pecaminosos que combaten contra la vida" (1 Pedro 2:11). Significa que reconocemos estos deseos como "engañosos" (Efesios 4:22) y "malos" (Santiago 1:14), y que debemos rechazar el placer que nos sugieren y las acciones que nos atraen.

## LA GRACIA NOS ENSEÑA A DECIR SÍ

A veces podemos tener la impresión de que la vida cristiana consiste mayormente de una serie de prohibiciones negativas: "No hagas esto".

"No hagas aquello". Las prohibiciones son definitivamente una parte importante de nuestra disciplina espiritual como lo testifica el hecho de que ocho de los Diez Mandamientos son prohibiciones (Éxodo 20:1-19). Necesitamos las prohibiciones enunciadas no sólo en los Diez Mandamientos, pero también en todas las secciones de aplicación a la vida que aparecen en el Nuevo Testamento. El pecado que permanece en nosotros tiene una inclinación persistente hacia las pasiones mundanas y necesita constantemente el freno de negarse al placer.

La vida cristiana, sin embargo, debe también estar dirigida hacia las expresiones positivas del carácter cristiano; lo que Pablo llamó el fruto del Espíritu en Gálatas 5:22. De hecho, todas las enseñanzas morales de Pablo se caracterizan por este doble enfoque: el desvestirse del viejo hombre y el cubrirse del nuevo hombre. Por ejemplo, en Efesios 4:22-24, Pablo escribió: "Se les enseñó que debían quitarse el ropaje de la vieja naturaleza, la cual está corrompida por los deseos engañosos; ser renovados en la actitud de su mente; y ponerse el ropaje de la nueva naturaleza, creada a imagen de Dios, en verdadera justicia y santidad".

Me gusta pensar de este método de "quitarse" y de "ponerse" como representado en dos cuchillas de un par de tijeras. Reconocemos inmediatamente que una sola cuchilla de las tijeras es inútil para hacer el trabajo para la cual ha sido diseñada. Las dos cuchillas deben unirse en el punto pivotante y deben trabajar en conjunción una con la otra para ser efectivas. Las tijeras ilustran un principio espiritual: Debemos trabajar simultáneamente para quitar las características de nuestra vieja naturaleza y poner las características de nuestra nueva naturaleza. Uno sin lo otro no es efectivo.

Algunos creyentes parecen enfocarse en quitar las prácticas pecaminosas pero dan poca atención a lo que deben ponerse. Muy a menudo las vidas de estas personas se tornan difíciles y quebradizas, y probablemente justificándose a sí mismos, porque tienden a igualar la santidad con una lista definida de "lo que no se debe hacer". Otros creyentes tienden a enfocarse en adquirir características positivas como el amor, la compasión y la bondad. Pero si no prestan atención a "lo que no deben hacer" de la Escritura, pueden tornarse indiferentes a la moralidad y la ética. Por esto, necesitamos el doble enfoque de "quitarse" y "ponerse"; y ambos deben recibir la misma atención de nosotros. Desarrollaremos esto más adelante en otros capítulos, pero por ahora quiero que veamos que el crecimiento espiritual envuelve este cambio doble en nuestra naturaleza.

En el pasaje de Tito que estamos considerando, el aspecto positivo de la vida cristiana se expresa en la frase: "[nos enseña] a vivir con dominio propio, con justicia y piedad en este mundo". Estas tres palabras: dominio propio, justicia y piedad son consideradas por la mayor parte de los comentaristas de la Biblia como refiriéndose a acciones concernientes a uno mismo, al prójimo y a Dios. Dominio propio expresa la moderación que debemos practicar hacia aquello que es legítimo en la vida, al igual que negarnos a aquello que es claramente pecaminoso. La conducta honorable y justa se refiere a aquellas acciones justas y correctas hacia otras personas, tratándolas como quieren que ellos les traten a ustedes (ver Mateo 7:12). Santidad es tener respeto por la gloria de Dios y la voluntad de Dios en cada aspecto de nuestra vida, haciendo todo reverentemente y con amor por él.

## VIVIENDO UNA VIDA CRISTIANA PRÁCTICA

El apóstol Pablo nos dio un resumen de nuestras responsabilidades en la vida cristiana con tres palabras: dominio propio, justicia y piedad. El contexto de su descripción moral de la gracia salvadora de Dios, sin embargo, es una serie completa de exhortaciones morales de Tito 2:1 a 3:2. Las instrucciones están dirigidas a las necesidades espirituales prácticas de varios grupos: hombres mayores, mujeres mayores, mujeres jóvenes, hombres jóvenes, esclavos, al mismo Tito y finalmente a todos los creyentes. Partiendo de estas instrucciones específicas, podemos empezar a "desenvolver" lo que él quiere decir por dominio propio, justicia y piedad.

Esta sección de la Escritura contiene tantas instrucciones concisas que elaborar demasiado en esto sería básicamente transcribir el pasaje. Le insto a leerlo otra vez con una actitud de oración, pidiéndole a Dios que le ayude a evaluar su propia vida a la luz de las instrucciones de Pablo acerca de vivir una vida cristiana práctica. No sólo preste atención a la sección que es pertinente para usted (hombre mayor, mujer mayor, mujer joven, etc.). Hay virtudes cristianas en cada sección que se aplican a cada uno de nosotros, sin tener en cuenta nuestra edad o género.

Quiero llamarles la atención a las tres situaciones donde Pablo enfatiza la importancia de nuestro testimonio cristiano delante de aquellos no creyentes. En Tito 2:5, dijo: "...para que no se hable mal de la palabra de Dios". En el versículo 8 él escribió: "Así se avergonzará cualquiera que se oponga, pues no podrá decir nada malo de nosotros". Y luego en sus instrucciones para los esclavos, Pablo concluyó con: "Para que en todo hagan honor a la enseñanza de Dios nuestro Salvador" (versículo 10).

Obviamente, Pablo estaba preocupado por el testimonio de la vida de los creyentes en Creta. En el capítulo 2 del libro de Romanos les había dicho a los judíos: "Por causa de ustedes se blasfema el nombre de Dios entre los gentiles" (2:24); y debe haber tenido una preocupación similar acerca de los cristianos de Creta. ¿Qué diría de nosotros hoy? A medida que el mundo que no cree aumenta su hostilidad contra el verdadero cristianismo, anhelará con más intensidad encontrar inconsistencias en nuestra vida para así poder poner en ridículo a Dios y a su Palabra.

Más de cuatrocientos años atrás, Juan Calvino expresó una preocupación similar cuando escribió:

> Todo lo malo que ellos [los perversos] pueden encontrar en nuestra vida es maliciosamente retorcido en contra de Cristo y su enseñanza. El resultado es que por nuestra culpa el nombre sagrado de Dios es expuesto a insultos. Entre más atentamente veamos cómo nos vigilan nuestros enemigos, más ganas pondremos para evitar sus calumnias; así que sus malos sentimientos nos deben fortalecer en el deseo de hacer el bien[1].

Así que, como creyentes, debemos buscar ser ejemplo en cada aspecto de nuestra vida, haciendo todo lo mejor por el bien de Cristo y su evangelio. Nuestro trabajo, nuestra diversión, nuestro manejar, nuestro comprar, todo debe hacerse de forma que aquellos que no creen no tengan nada malo que decir; sino que al contrario, sean atraídos por el evangelio que ven actuando en nuestra vida.

## LA GRACIA NOS ENSEÑA

Con todo este énfasis en vivir una vida cristiana práctica, no debemos perder de vista que es la gracia, no la ley, la que realmente nos enseña. Cuando recién me convertí, yo pensaba que la Biblia era un gran libro de reglas. Mi percepción era que la Biblia me diría lo que tenía que hacer (o no hacer), y que yo simplemente la iba a obedecer. Así de fácil era, o así lo pensé en mi ingenuidad cristiana.

Para mí, en aquel entonces, los preceptos prácticos de la Biblia no eran más que una declaración de la ley de Dios. Mandaban pero no me daban la habilidad para obedecer. Además, me condenaban por no obedecerlos como sabía que debía hacerlo. Cuanto más trataba, más fallaba.

No sabía nada acerca de la gracia de Dios que me ayudaba a vivir la vida cristiana. Pensaba que era algo que podría lograr con mi fuerza de voluntad y agallas. Y, algo igualmente importante, entendía muy poco de su gracia perdonadora a través de la sangre de Cristo. Me sentía culpable e incapaz; culpable porque continuaba usando patrones pecaminosos en mi vida e incapaz porque no hacía nada para eliminarlos.

Mi experiencia, sin embargo, no era desconocida para otros. Es más, diría que es bastante típica no sólo entre los nuevos creyentes sino también entre quienes lo han sido por años. Por eso debemos entender que es la gracia, no la ley, la que nos disciplina. Por supuesto, Pablo personifica la gracia en el pasaje a Tito. Es Dios en su gracia, o por su gracia, quien nos disciplina. Explicándolo en forma más sencilla, la enseñanza paternal de Dios para con sus hijos está basada en principios fundamentales de gracia los cuales vimos en el primer capítulo.

Nuestra aprobación por Dios está siempre basada en la justicia de Cristo, y el poder que nos ayuda a crecer y a ser más como Cristo siempre proviene de Cristo a través del Espíritu Santo.

¿Cómo entonces está siendo disciplinado usted? ¿Es por ley, o es por gracia? Por supuesto, Dios está disciplinándolo por su gracia, pero ¿cómo la percibe usted? ¿Cómo responde a su enseñanza paternal? ¿Acepta el perdón de su gracia, o lucha bajo la carga de la culpabilidad? ¿Está confiando en su unión con Cristo y en el Espíritu Santo que mora en usted para tener el poder de responder al entrenamiento de Dios, o es la Biblia tan sólo un libro de reglas y mandamientos a los cuales está luchando por obedecer con su propia fuerza de voluntad?

Recuerde, la gracia que le trajo salvación es la misma gracia que le enseña. Pero debe responder en base a la gracia, no en base a la ley. Debe aprender a depender diariamente en Cristo para su aceptación y su poder.

CAPÍTULO 4

# LA FUNCIÓN DEL
# ESPÍRITU SANTO

A VECES NOS topamos con palabras complicadas. ¿Está listo para dos de ellas? Estas son *mononergia* y *sinergia*. Probablemente esté más familiarizado con la palabra sinergia. Esta describe la acción de dos agentes que trabajan juntos para producir un efecto total, el cual es más grande que la suma de los efectos individuales.

¿Y qué de mononergia? ¿Qué significa? En realidad, el diccionario de la Real Academia Española ni siquiera tiene esta palabra; entonces, les daré la definición de una persona no erudita. Como usted ya lo habrá imaginado, mononergia describe la acción de un agente que trabaja solo.

No estoy tratando de hacer juegos de palabras con usted. Pero estas dos palabras son muy importantes para poder entender el papel que el Espíritu Santo tiene en nuestro crecimiento espiritual. Mononergia, entonces, describe el trabajo que el Espíritu Santo hace en nosotros, pero sin ningún esfuerzo consciente por nuestra parte. Sinergia, en cambio, describe el trabajo que el Espíritu Santo hace en nosotros pero con nuestra participación. En mononergia el Espíritu Santo trabaja solo. En sinergia él nos capacita para que nosotros podamos hacer el trabajo. Pero ya sea que el Espíritu Santo trabaje solo o nos capacite para trabajar, finalmente todo crecimiento espiritual es el

48

resultado de su trabajo. No podemos progresar ni un centímetro aparte de él. Este es el punto importante de este capítulo.

Considero el pasaje de 2 Corintios 3:18 como una de las descripciones más claras sobre el crecimiento cristiano que encontramos en la Escritura. El versículo dice: "Por tanto, todos nosotros, mirando a cara descubierta como en un espejo la gloria del Señor, somos transformados de gloria en gloria en la misma imagen, como por el Espíritu del Señor"[1] (RVA).

En este pasaje, la frase: "Somos transformados de gloria en gloria en la misma imagen" es una descripción de crecimiento espiritual. La palabra clave es *transformados,* la misma que describe, en este contexto, un cambio significativo y fundamental dentro de nosotros. Este concepto de crecimiento o transformación es conocido históricamente como *santificación.* Aunque prefiero la palabra *transformación* o la frase *crecimiento espiritual,* en este capítulo me inclino por la historia y uso la palabra *santificación.*

Santificación, entonces, es la obra del Espíritu Santo dentro de nosotros. Por medio de la santificación nuestro ser cambia progresivamente; nos libera más y más de características pecaminosas y desarrolla dentro de nosotros, a través del tiempo, virtudes parecidas a las de Cristo. Sin embargo, aunque la santificación es el trabajo del Espíritu Santo en nosotros, incluye nuestra respuesta sincera en obediencia y en el uso regular de las disciplinas espirituales que son instrumentos de santificación.

## LA REGENERACIÓN

La santificación en realidad empieza en el momento de nuestra conversión cuando, a través de un acto llamado *regeneración,* o nuevo nacimiento, el principio de la vida espiritual es plantado en nosotros. En algunas profecías del Antiguo Testamento se ve la promesa de este trabajo de regeneración, como en Jeremías 31:33 donde Dios dice: "Pondré mi ley en su mente, y la escribiré en su corazón". Y en Ezequiel 36:26, 27 él dice: "Les daré un nuevo corazón, y les infundiré un espíritu nuevo; les quitaré ese corazón de piedra que ahora tienen, y les pondré un corazón de carne. Infundiré mi Espíritu en ustedes, y haré que sigan mis preceptos y obedezcan mis leyes".

En el Nuevo Testamento, Pablo también describió la regeneración en 2 Corintios 5:17: "Por lo tanto, si alguno está en Cristo, es una nueva creación: ¡Lo viejo ha pasado, ha llegado ya lo nuevo!". Y otra vez en Tito 3:5: "Él nos salvó, no por nuestras propias obras de justicia sino por su misericordia. Nos salvó mediante el lavamiento de la regeneración y de la renovación por el Espíritu Santo".

Note el cambio radical que se describe en cada uno de estos pasajes de la Escritura. Dios pondrá su ley en nuestra mente y la escribirá en nuestro corazón. Él nos dará una nueva disposición que, en vez de ser desfavorable a la ley de Dios, en realidad se deleita en ella. La ley que era meramente externa ahora está escrita en nuestro corazón por el Espíritu de Dios, para que así seamos movidos a la obediencia.

El corazón de piedra es transformado en un corazón de carne. "Corazón de piedra" es una expresión figurativa de un corazón duro, insensible a las cosas de Dios e incapaz de recibir impresiones de la verdad divina. El corazón de carne representa un corazón suave y tierno, capaz de recibir y actuar sobre las verdades de la Palabra de Dios.

Pablo dijo, en 2 Corintios 5:17, que cuando una persona es unida a Cristo hay una nueva creación. Un cristiano es una persona cambiada radicalmente desde el momento en que confía en Cristo. Esto no significa que somos "santos" de un día para otro. Pero sí significa que una nueva creación, un nuevo principio de vida, ha sido plantado dentro de nosotros por el Espíritu Santo, y nunca seremos lo que éramos antes.

La expresión: "nacer de nuevo" de Juan 3:3-8 significa para muchos nada más que ser salvos del castigo del pecado. De acuerdo con Jesús, significa nacer del Espíritu (Juan 3:6, 8); esto es, recibir vida nueva. Pablo dijo lo mismo en Tito 3:5 cuando él habla de la renovación por el Espíritu Santo. Este acto de regeneración o nuevo nacimiento, por el cual una persona entra en el reino de Dios (Juan 3:5) es una obra mononérgica del Espíritu Santo. Entonces, es enteramente una obra de gracia, al igual que lo es la justificación.

## LA SANTIFICACIÓN

La regeneración, entonces, es el principio de la santificación. La santificación es cómo se lleva a cabo la regeneración hasta llegar a su meta final. William S. Plumer, un ministro presbiteriano del siglo diecinueve, escribió:

> La regeneración es un *acto* del Espíritu de Dios. Consecuentemente, la santificación es un *trabajo* del Espíritu de Dios sobre ese acto... En la regeneración nos convertimos en

"bebés nuevos"; en la santificación obtenemos la estatura de hombres maduros en Cristo Jesús[2].

La pregunta que a veces nos hacemos es: "¿Cuál es la relación entre santificación y justificación? ¿Puede una persona ser justificada pero no santificada?". La respuesta es: la justificación y la santificación son inseparables. Dios nunca da justificación sin santificación (ver 1 Corintios 1:30 y 6:11). Las dos tienen su fuente en el amor infinito y la gracia libre de Dios. Las dos se alcanzan por fe. En la justificación dependemos de lo que Cristo hizo *por* nosotros en la cruz. En la santificación dependemos de que Cristo trabaje *en* nosotros a través de su Espíritu Santo. En la justificación, al igual que en la regeneración, Dios actúa solo. En la santificación él trabaja dentro de nosotros pero requiere nuestra respuesta para cooperar con él. Citando una vez más a William Plumer:

> La justificación es un acto completo de Dios de una vez y para siempre. La santificación es un trabajo que Dios empezó en la regeneración, lo condujo a lo largo de la vida y lo completó en la muerte. El primero es igual y perfecto en todo; el último no es igual en todo, ni perfecto en nada hasta que logren separar la carne. En la justificación Dios nos acredita la justicia de Cristo; en la santificación él imparte gracia, y nos permite ejercitarla[3].

Nuestra parte o nuestra respuesta al trabajo del Espíritu Santo y nuestra cooperación con él en su trabajo es la búsqueda del crecimiento espiritual. Consideraremos nuestra parte de la santificación en el capítulo 5. Pero, por ahora, quiero que recordemos que la santificación, aunque requiere un esfuerzo diligente por nuestra parte, es dependiente del poder del Espíritu Santo. El apóstol Pablo expresó brevemente este principio de disciplina dependiente en Filipenses 4:13: "Todo lo puedo en Cristo que me fortalece". Pablo hizo el trabajo, en este caso, aprendiendo a estar satisfecho. Pero lo hizo a través de la fortaleza del Espíritu Santo. Es difícil entender este principio de la sinergia, de ser responsable pero aun dependiente. Pero es absolutamente vital que lo entendamos y que lo vivamos.

## LA META

La meta de la santificación es llegar a tener la semejanza de nuestro Señor Jesucristo. En 2 Corintios 3:18, Pablo dijo que: "Somos transformados de gloria en gloria en la misma imagen" (RVA). En Romanos 8:29 él dijo: "... que Dios... predestinó para que fuéramos hechos conforme a la imagen de su Hijo" (RVA). La meta de Dios para todo aquel que confía en Cristo es tener la semejanza a Cristo, y ésta debe ser también nuestra meta.

Las dos expresiones, *transformados y hechos conforme,* tienen una raíz común: *forma,* la cual significa un patrón o un molde. "Ser transformado" se refiere al proceso; "Hecho conforme" se refiere al producto final. Jesús es nuestro patrón o molde. Nosotros estamos siendo transformados para así poder eventualmente hechos conforme a la semejanza de Jesús. Este proceso es también conocido como formación espiritual.

Santificación, entonces, es conformidad a la semejanza de Jesucristo. Vemos esta misma idea expresada con diferentes palabras en otros pasajes del Nuevo Testamento. En Efesios 4:24, Pablo dijo que nuestro nuevo ser es *"creado a imagen de Dios,* en verdadera justicia y santidad". El autor de Hebreos afirmó que Dios nos disciplina "a fin de que *participemos de su santidad"* (Hebreos 12:10), y en 1 Pedro 1:16, el apóstol Pedro cita un pasaje del Antiguo Testamento donde Dios dijo: "Sean santos, porque *yo soy santo"* (énfasis agregado en cada Escritura citada).

## UN PROCESO

Podemos fácilmente ver que conformidad a Jesús es un proceso continuo y una meta que nunca se logra completamente en esta vida. Por eso es que Pablo se refiere al cambio continuo dentro de nosotros con la siguiente expresión en 2 Corintios 3:18: "con más y más gloria"; o como está traducido en *la Versión Reina Valera Actualizada:* "...somos transformados de gloria en gloria en la misma imagen, como por el Espíritu del Señor". Estamos siendo cambiados lenta pero firmemente a la semejanza de Cristo.

Como la santificación es un proceso, siempre habrá conflicto dentro de nosotros entre la "carne", o la naturaleza pecaminosa, y el Espíritu Santo. Pablo describe el conflicto en Gálatas 5:17: "Porque ésta desea lo que es contrario al Espíritu, y el Espíritu desea lo que es contrario a ella. Los dos se oponen entre sí, de modo que ustedes no pueden hacer lo que quieren". Él elaboró con más detalle acerca de esta lucha en Romanos 7:14-25, donde dijo cosas como: "Yo sé que en mí, es decir, en mi naturaleza pecaminosa, nada bueno habita. Aunque deseo hacer lo bueno, no soy capaz de hacerlo" (versículo 18).

Entiendo que no todos los expositores de la Biblia ven la tensión que se describe en Romanos 7:14-25 como una descripción de una experiencia cristiana normal, aún más cuando alguien está vigorosamente en busca de santidad. ¿Pero qué cristiano honesto no admitiría la brecha entre su deseo espiritual y lo que realmente hace? ¿Quién de nosotros no coincidiría en que lo que Pablo dijo: "Cuando quiero hacer el bien, me acompaña el mal" (v. 21), es un lamento frecuente?

Los comentarios de John Murray nos ayudan en este punto. Él escribió:

> La presencia del pecado en el creyente envuelve el conflicto en su corazón y vida. Si el pecado permanece por dentro, debe haber el conflicto que Pablo describe en Romanos 7:14. Es inútil afirmar que este conflicto no es normal. Si todavía hay algún grado de pecado en alguien en quien mora el Espíritu Santo, entonces sí hay tensión y contradicción dentro del corazón de esa persona. Verdaderamente, cuanto más santificada es una persona, cuanto más conformada está a la imagen de su Salvador, más debe alejarse de toda falta de conformidad con la santidad de Dios. Entre más honda su admiración de la majestad de Dios, más grande la intensidad de su amor hacia Dios, más persistente su deseo de lograr el premio del alto llamado de Dios en Cristo Jesús, más consciente será de la gravedad del pecado que todavía queda en él, y más patético será su rechazo de él[4].

Véase caminando dentro de un cuarto donde la iluminación está controlada por un botón que sube y baja la intensidad de la luz. Al entrar, la luz está baja, y se pueden ver todos los muebles en su lugar, ningún papel periódico en el piso y ningún vaso sucio en la mesa. El cuarto se ve organizado y limpio. Pero a medida que se empieza a aumentar la luz, se pueden ver el polvo en los muebles, las marcas en las paredes, las grietas en la pintura y las manchas en la alfombra. El cuarto que se veía bien cuando la luz era débil, ahora se ve sucio y sin atractivo bajo la luz fuerte.

Esto es lo que pasa en la vida de una persona que está creciendo espiritualmente. Al principio su vida puede parecer buena porque ha sido una persona decente sin ningún pecado repugnante que sea visible. Entonces el Espíritu Santo "enciende la luz" de su Palabra y empieza a revelar los pecados más sutiles y "refinados", de los cuales ni estaba al tanto. O quizá sabía de ciertos pensamientos o acciones, pero no se daba cuenta de que eran pecados.

Una analogía aún mejor puede ser el encender una linterna en los rincones oscuros de una casa vieja. El Espíritu Santo está continuamente encendiendo linternas de convicción en los rincones de nuestros corazones, revelando actitudes pecaminosas y acciones de las cuales no estábamos al tanto. Estos pecados que recién descubrimos, generalmente desalientan y nos traen malestar. Y entre más madura sea una persona, más desalentada se sentirá. Entonces, al tratar de lidiar con estos pecados, descubrimos que por lo general están fuertemente metidos en nuestras costumbres diarias y son difíciles de desalojar. O quizá pensábamos que ya nos habíamos liberado de una costumbre pecaminosa, pero luego ésta sale a relucir y nos sentimos débiles ante su poder. Todas estas experiencias sacan a relucir la tensión dentro de nosotros de la cual Pablo escribió en la segunda mitad de Romanos 7.

¿Significa esto que no estamos en mejor condición que el no creyente, quien lucha con algún mal hábito del cual se quiere deshacer? Por supuesto que no. John Murray ofrece la revelación de la diferencia entre la lucha de un creyente pecador y un no creyente con malas costumbres y hábitos. Él escribió:

> Debe haber una apreciación constante y creciente de que aunque el pecado aún está, no tiene el control. Hay una diferencia total entre el pecado que sobrevive y el pecado que reina, el regenerado en conflicto con el pecado y el no regenerado en complacencia con el pecado. Una cosa es que el pecado viva en nosotros, y otra muy diferente es que nosotros vivamos en el pecado[5].

El pecado es como un ejército derrotado en una guerra civil; en vez de darse por vencido y rendirse, simplemente se retira al campo desde donde continúa una guerrilla de acoso y sabotaje contra las fuerzas del gobierno. El pecado como poder que reina es derrotado en la vida de un creyente, pero *nunca* se dará por vencido. Continuará molestándonos y buscando maneras de derrotar nuestra vida cristiana a lo largo de nuestra vida.

Es importante entender la diferencia entre un no creyente quien vive en complacencia con el pecado y el creyente que lucha contra el pecado. Si vamos a buscar la madurez espiritual, debemos aceptar el hecho de que va a haber una continua tensión dentro de nosotros, entre nuestros deseos y nuestro comportamiento. El teólogo británico J. I. Packer dice a menudo que nuestro alcance siempre excederá nuestro dominio.

## EL AGENTE

El Espíritu Santo es el responsable por esta transformación. Pablo dijo en 2 Corintios 3:18 que estamos siendo transformados "por la acción del Señor, que es el Espíritu". El verbo *ser transformado* es pasivo, quiere decir, nos están haciendo algo *a* nosotros, no *por nosotros*. Esto no quiere decir que no tenemos responsabilidad en la santificación. Quiere decir que en el análisis final, el Espíritu de Dios es quien nos transforma. Él nos llama a cooperar (sinergia) y a hacer la parte que él nos manda a hacer, pero él es el que trabaja dentro de nuestra personalidad para cambiarnos.

Varios pasajes de la Escritura enfatizan el hecho de que la santificación es primordialmente la obra del Espíritu Santo. En 1 Tesalonicenses 5:23, 24, Pablo dijo: "Que Dios mismo, el Dios de paz, los santifique por completo, y conserve todo su ser —espíritu, alma y cuerpo— irreprochable para la venida de nuestro Señor Jesucristo. El que los llama es fiel, y así lo hará". Noten que es Dios mismo quien nos santificará "completamente". En otras palabras, él completará el proceso.

Una vez más, Pablo escribió en Filipenses 1:6: "Estoy convencido de esto: el que comenzó tan buena obra en ustedes la irá perfeccionando hasta el día de Cristo Jesús". Finalmente, el autor de Hebreos ora para que "Dios cumpla en nosotros lo que le agrada" (Hebreos 13:21). Aunque estos pasajes hablan de Dios en un sentido no muy específico, o usan el pronombre *él*, sabemos por otras Escrituras que el trabajo de santificación a través de la trinidad es principalmente la obra del Espíritu Santo (ver 2 Tesalonicenses 2:13; 1 Pedro 1:2). Siendo esto una realidad, debemos orar diariamente por su trabajo de santificación dentro de nosotros. Una de mis oraciones favoritas es tomar las palabras de Hebreos 13:21 y pedir que él obre dentro de nosotros lo que le agrade a él. (En el capítulo 7 nos enfocaremos más en el papel que tiene la oración en la santificación).

El Espíritu de Dios nos ha dado ciertas responsabilidades en el proceso de santificación. De hecho, la Biblia está llena de exhortaciones y mandatos que debemos obedecer, al igual que disciplinas espirituales que debemos practicar. Consideraremos estos principios en el capítulo 5. De cualquier modo, ahora estoy enfatizando el trabajo del Espíritu porque tendemos a perder de vista el hecho de que él es el agente de santificación.

La manera como el Espíritu opera en nuestra vida para santificarnos es un misterio. Pablo dijo que él obra en nosotros "tanto el querer como el hacer para que se cumpla su buena voluntad" (Filipenses 2:13). Pero Pablo nunca nos dice cómo el Espíritu Santo interacciona con, o trabaja en, nuestro espíritu humano. Me gusta saber cómo trabajan las cosas, y siempre he tratado de descubrir cómo el Espíritu Santo interacciona con nuestro espíritu, pero finalmente aprendí que es una búsqueda inútil. En este tema, los comentarios de John Murray son de gran ayuda una vez más:

> No sabemos el modo de obrar del Espíritu ni el modo de su trabajo eficaz en los corazones, mentes y voluntades de la gente de *Dios* por medio del cual es limpiada progresivamente de la deshonra del pecado, y más y más transfigurada a la imagen de Cristo[6].

A menudo seremos conscientes del trabajo del Espíritu Santo en nuestra vida. Además, podremos discernir lo que él está haciendo hasta cierto punto, especialmente en esas instancias donde él producirá una respuesta consciente de nosotros. Pero, usando una vez más las palabras de John Murray: "No debemos suponer que la medida de nuestro entendimiento o nuestra experiencia es la medida del trabajo que el Espíritu Santo está haciendo"[7].

Aunque el Espíritu Santo es el agente de santificación y él trabaja dentro de nosotros de manera misteriosa, también es una realidad que él usa maneras racionales y entendibles para santificarnos. Algunas de estas maneras, como las adversidades, la exhortación y el ánimo de otros, están fuera de nuestro control para iniciarlas. Con otras como el aprender y aplicar la Escritura, y el uso frecuente de la oración, él espera que nosotros tomemos la iniciativa. Volvamos ahora nuestra atención a los medios de crecimiento que Dios nos ha dado. Pero a medida que lo hacemos, acordémonos de los "sujetalibros": Cristo es nuestra justicia, y Cristo es nuestro poder.

# CAPÍTULO 5

# CRECIENDO A TRAVÉS DE LA PALABRA DE DIOS

L MEDIO PRINCIPAL para el crecimiento que Dios nos ha dado es su Palabra. Pedro nos dice en 1 Pedro 2:2: "deseen con ansias la leche pura de la palabra, como niños recién nacidos. Así, por medio de ella, crecerán en su salvación". Aunque Pedro no usa una palabra explícita para Escritura, cinco comentarios que investigué están de acuerdo de que "leche pura" es una metáfora para la Palabra de Dios. Al igual que un recién nacido está frecuentemente hambriento y llora para que le den de comer, nosotros también debemos tener un hambre espiritual similar por la Palabra de Dios para así poder crecer.

Vimos en el capítulo 4 que el crecimiento espiritual se llama *transformación*. En realidad, el verbo "transformado" es usado sólo dos veces por Pablo, en 2 Corintios 3:18 y en Romanos 12:2. En 2 Corintios, el énfasis está en el Espíritu como agente de transformación. En Romanos 12:2, el énfasis está en la renovación de la mente. Aunque la Palabra de Dios no está explícitamente mencionada, está implícita como instrumento de transformación. Sabemos que la única manera como podemos evitar ser conformados a los valores de este mundo es exponiéndonos consistentemente a la Palabra de Dios, para que su enseñanza nos influya, y cambie nuestros valores y convicciones.

Así que, sea que pensemos en términos de crecimiento espiritual o de transformación espiritual (dos términos que significan lo mismo), vemos que la Palabra de Dios es el instrumento principal que el Espíritu Santo usa en nuestra vida. Por esto, es vitalmente importante que tengamos una convicción firme de que las Escrituras en nuestra Biblia son verdaderamente las mismísimas palabras de Dios para nosotros.

## LA INSPIRACIÓN DE LAS ESCRITURAS

Las Escrituras mismas nos afirman frecuentemente que ellas son las palabras directas de Dios. El propósito de este libro, como un estudio introductorio al crecimiento cristiano, no nos permite una investigación detallada y completa de esta afirmación. De todos modos, al examinar dos textos clave nos ayudará a desarrollar la convicción de que la Biblia es verdaderamente la Palabra de Dios para nosotros.

El más familiar de estos textos es 2 Timoteo 3:16 el cual dice: "Toda la Escritura es inspirada por Dios". O, como lo traduce la Biblia al Día: "La Biblia entera nos fue dada por inspiración de Dios". O, como la versión Reina Valera, que ha sido nuestra traducción principal por más de 400 años, dice: "Toda Escritura es inspirada por Dios", hemos llegado a proclamar esta verdad como "la inspiración de la Escritura". Pero necesitamos recordar que inspiración en ese contexto no es lo mismo que pensar *"Hoy recibí la inspiración de un bello poema"*. En cambio, la palabra inspirar se refiere al hecho de que las Escrituras fueron verdaderamente respiradas por Dios.

El segundo texto clave que nos ayudará está en 2 Pedro 1:21: "Porque la profecía no ha tenido su origen en la voluntad humana, sino que los profetas hablaron de parte de Dios, impulsados por el Espíritu

Santo". Sabemos que toda la Escritura fue escrita por muchos hombres a través de un período de aproximadamente 1600 años. Lo que Pedro nos está diciendo es que el Espíritu Santo se movió e influyó sobre las mentes de estos hombres hasta rendirlos como instrumentos de Dios para la comunicación infalible de su mente y voluntad para nosotros. Esto significa que dentro del armazón del vocabulario y el estilo de escritura de cada hombre, el Espíritu Santo les guió de tal manera que escogieron las palabras exactas y no sólo los pensamientos que él pretendía que usaran.

## CONFIANZA Y SEGURIDAD

Siendo que la Biblia es la Palabra de Dios, ella es *confiable y autoritativa*. Por confiable quiero decir que podemos confiar en la Biblia para decirnos todo lo que necesitamos saber acerca de Dios y acerca de nosotros, pero más que nada acerca de su plan de salvación para los seres humanos pecadores. Por autoritativa, quiero decir que expresa la voluntad de Dios que debemos obedecer. Esto incluye no sólo la voluntad moral de Dios —cómo debemos vivir nuestra vida diaria— sino también incluye la voluntad de Dios concerniente al mensaje de salvación.

En Romanos 1:5 (RVA), Pablo habla de nuestra respuesta al mensaje del evangelio como la "obediencia de la fe". Confiar en Jesucristo como nuestro Salvador es un acto de obediencia a la voluntad revelada de Dios, al igual que lo es amar a nuestro hermano como a nosotros mismos.

## EL INDICATIVO Y EL IMPERATIVO

Los maestros de la Biblia frecuentemente usan dos términos gramaticales, *indicativos e imperativos;* y frecuentemente dicen: "El imperativo siempre sigue al indicativo". No se están refiriendo a la estructura gramatical del idioma castellano, sino más bien al hecho de que lo que Dios requiere de nosotros (lo imperativo) debe seguir al anuncio de lo que Dios ha hecho por nosotros a través de Jesucristo (lo indicativo). Obviamente, en el texto de la Escritura, indicativos e imperativos a menudo están entremezclados. Lo mismo sucede *en nuestro razonamiento* de que el indicativo debe siempre preceder al imperativo. Nuestra respuesta a los imperativos de Dios debe siempre estar construida sobre y crecer de lo que Dios ha hecho primero por nosotros a través de Jesucristo. Acuérdense de la ilustración de los "sujetalibros", en el primer capítulo. No podemos poner exitosamente los libros de los imperativos de Dios en los estantes de nuestra vida sin primero poner los sujetalibros de sus indicativos en su lugar.

Yo aprendí esto a golpes. Cuando empecé a crecer como cristiano, veía la Biblia como el libro de reglas de Dios para guiar mi conducta. El indicativo, el mensaje del evangelio, en mi mente se aplicaba sólo a los no creyentes. Como creyente supuse que no necesitaría del evangelio nunca más, excepto para usarlo como una herramienta para el evangelismo.

Pero aprendí que sí necesito el evangelio todos los días, aun habiendo sido creyente por más de cincuenta años. Una señal de que un cristiano está creciendo es que éste experimenta una creciente noción de su naturaleza pecaminosa; no sólo de los llamados "pecados grandes", como el asesinato y la inmoralidad sexual, sino también de los "pecados refinados" como el orgullo, el espíritu de crítica, los celos, el resentimiento, el egoísmo, la impaciencia y el espíritu rencoroso. Todos los imperativos en el mundo no me van a ayudar a luchar con esos pecados si no me aferro a los indicativos del evangelio: Cristo es mi justicia y por lo tanto la base de mi aceptación por el Padre, y Cristo es la fuente del poder que necesito para luchar con esos pecados.

Entonces, cuando digo que la Palabra de Dios es el medio principal de crecimiento que Dios nos ha dado, no estoy pensando solamente en sus mandatos morales los cuales pretenden dirigir diariamente nuestra vida. Necesitamos crecer en nuestro entendimiento del evangelio tanto como en nuestro entendimiento de la voluntad moral de Dios. Exploraremos más este tema en el capítulo 9, pero quise introducirlo aquí porque deseo que entendamos la verdad de que el evangelio es tan importante para nuestro crecimiento espiritual como lo son los mandamientos morales de la Escritura.

## EL ENCUENTRO CON Y LA INFLUENCIA DE LAS ESCRITURAS

Si las Escrituras son el instrumento principal de crecimiento en nuestra vida, ¿cómo podemos interactuar con ellas de manera que sean usadas por el Espíritu Santo para ayudarnos a crecer? Hay cuatro maneras como podemos traer cambio a nuestra vida por la influencia de la Palabra de Dios.

La manera más común es a través de la *enseñanza de otros*. Para la mayoría de nosotros, será a través de los sermones de nuestros pastores y quizás las enseñanzas que escuchamos en la Escuela Dominical. En esta era de comunicación masiva, puede ser que se incluyan las cintas grabadas de mensajes, o los maestros por la radio y la televisión. La enseñanza de otros también incluye la lectura de libros cristianos.

En la Biblia hay muchos ejemplos de maestros. Moisés no era sólo el líder de los israelitas, sino que también era su maestro. Casi todo el libro de Deuteronomio es un ejemplo de su enseñanza. El profeta Samuel era un maestro (ver 1 Samuel 12:23). El autor de Eclesiastés se llamó el mismo "el maestro" (Eclesiastés 12:9, 10). Pablo, quien era maestro, escribió a Tito: "Predica lo que va de acuerdo con la sana doctrina" (Tito 2:1). Y, por supuesto, Jesús fue el Maestro de los maestros.

Al someter nuestras mentes a las enseñanzas de otros, queremos determinar de la mejor manera posible que estos maestros están calificados para enseñar, que han sido llamados y dotados por Dios, y que están intelectual y espiritualmente calificados. Otro criterio que debemos establecer antes de someter nuestras mentes a la enseñanza de otra persona es este: ¿Enseñan la Biblia? Esto es bastante necesario en el área de escoger libros para leer. Muchos de los libros cristianos de hoy no están basados firmemente en la Biblia, sino que presentan sólo el pensamiento del autor.

Entonces, sea que estemos escuchando o leyendo, debemos seguir el ejemplo de los creyentes de Berea quienes "recibieron el mensaje [de Pablo] con toda avidez y todos los días examinaban las Escrituras para ver si era verdad lo que se les anunciaba" (Hechos 17:11). Estaban abiertos a las enseñanzas de Pablo pero no eran incautos. Un evangelista de radio con una gran habilidad al hablar o un escritor habilidoso pueden ser bastante persuasivos. Pero eso no significa que estén enseñando verdades de la Biblia. Lo que escuchamos y lo que leemos debe ser examinado a la luz de la Escritura. Si usted no tiene la habilidad de hacerlo, sería bueno escuchar a su evangelista favorito de radio, o comentar acerca del libro que está leyendo con su pastor u otro cristiano maduro que tenga la madurez y el conocimiento necesarios para guiarle.

La segunda manera común de traer nuestras mentes bajo la influencia de las Escrituras es a través de un *programa consistente de lectura Bíblica*. Leer individualmente la Biblia le pone en contacto directo con la Escritura. Aunque quizás no tenga la perspicacia para profundizar el pasaje como lo haría un maestro de la Biblia, su propia lectura le da al Espíritu Santo la oportunidad de grabar en su mente verdades de la Escritura que podrá aplicar en un momento dado. Además, a través de un programa diario de lectura de la Biblia, puede cubrir la Biblia entera en uno o dos años y así familiarizarse con el mensaje completo de la Escritura.

El propósito de nuestra lectura, por supuesto, es el de aplicar las Escrituras a nuestra vida diaria; no el de cubrir tantos capítulos en un día. Considere estas instrucciones dadas por Moisés a los futuros reyes de Israel:

> Cuando el rey tome posesión de su reino, ordenará que le hagan una copia del libro de la ley, que está al cuidado de los sacerdotes levitas. Esta copia la tendrá siempre a su alcance y la leerá todos los días de su vida. Así aprenderá a temer al SEÑOR su Dios, cumplirá fielmente todas las palabras de esta ley y sus preceptos (Deuteronomio 17:18, 19).

Esto es lo que necesitamos hacer. No lo referente a la copia, por supuesto, pero el leer consistentemente con la intención de aplicar lo que hemos leído.

La tercera manera de traer nuestras mentes a estar bajo la influencia de la Escritura *es el estudio bíblico*. La diferencia entre leer y estudiar la Biblia tiene que ver con la intensidad y profundidad. Al leer, ensanchamos nuestro conocimiento de la Escritura, mientras que cuando estudiamos, ganamos profundidad. Al leer, generalmente cubrimos de uno a cuatro capítulos por día. Al estudiar, probablemente pasaremos una semana escudriñando un capítulo o aun una pequeña porción. Al estudiar, analizamos el texto, hacemos preguntas, comparamos con otros pasajes, determinamos el significado de palabras clave, y resumimos de alguna manera nuestras conclusiones.

Mi propia experiencia me ha enseñado que el estudio bíblico se realiza mejor en grupos pequeños donde cada miembro prepara su estudio por adelantado. De esta manera, es beneficioso el que cada uno pueda compartir lo que ha aprendido en el estudio privado. Una palabra de advertencia es necesaria en este momento. Todos los grupos de estudio bíblico no son iguales. Varían desde los que son llevados a cabo por personas que son realmente maestros y maestras, y son los que presentan la enseñanza la mayor parte del tiempo, a aquellos donde las personas meramente comparten sus impresiones subjetivas de "qué me dice este pasaje", sin haber investigado lo que el autor de la Escritura está diciendo. Busque un grupo de estudio bíblico donde todos hacen su tarea y donde los miembros del grupo realmente aprendan el uno del otro.

Una cuarta manera de traer nuestras mentes a estar bajo la influencia de la Biblia es a través de la *memorización de la Escritura*. Sin duda, el texto clásico referente a la memorización de la Escritura es el Salmo 119:11: "En mi corazón atesoro tus dichos para no pecar contra ti". La palabra "atesoro" es traducida como "he guardado", en la RVA. Esto captura el significado de la palabra. Cuando pienso en el Salmo 119:11 ahora, pienso en todas las preparaciones que muchas personas hicieron en anticipación cuando el año 1999 pasó a ser el año 2000. Esto mostró, por supuesto, no ser gran cosa. Pero antes de esto, muchas personas por todas partes almacenaron comida, agua, gasolina y otras necesidades. Lo hicieron en espera de futuros momentos de necesidad.

Esto es lo que hacemos cuando memorizamos la Escritura. La almacenamos en nuestra mente para así tenerla disponible cuando la necesitamos. Puede ser una promesa de Dios, como por ejemplo: "Nunca te dejaré; jamás te abandonaré" (Hebreos 13:5). O un consejo sabio, como por ejemplo: "No te jactes del día de mañana, porque no sabes lo que el día traerá" (Proverbios 27:1). Muy a menudo, será una instrucción moral, como por ejemplo: "Eviten toda conversación obscena. Por el contrario, que sus palabras contribuyan a la necesaria edificación y sean de bendición para quienes escuchan" (Efesios 4:29).

Cuando memorizamos la Escritura, seguimos el ejemplo de Jesús. Es obvio, al leer el relato de la tentación de Jesús por el diablo, que él había memorizado la Escritura ya que contestó cada una de las tentaciones de Satanás citando textos del libro de Deuteronomio (ver Mateo 4:4-10). Este no fue un incidente aislado. Si lee los cuatro Evangelios, notará cuán frecuentemente Jesús cita la Escritura. Si el Hijo de Dios, en su humanidad, necesitaba almacenar en su mente la Escritura, ¿cuánto más nosotros?[1].

## MANTENGA LA VISTA EN LA META

Sospecho que ahora se sentirá un poco intimidado con todas mis sugerencias para tratar de traer la mente a estar bajo la influencia de la Palabra de Dios; particularmente con la idea de leer la Biblia entera, de participar de un estudio bíblico que requiera preparación, y también con tomar tiempo para memorizar pasajes clave de la Escritura. Todo esto puede sonar abrumador. Puede pensar: *"Me canso sólo de leer este capítulo"*, y *"¿dónde piensa él que voy a encontrar el tiempo para hacer todo esto?"*.

Entiendo su reacción. En esta edad de tantas ocupaciones, todos sufrimos presiones por tener que hacer mucho más de lo que tenemos el tiempo para hacer. Entonces, necesitamos establecer prioridades. Es imprescindible determinar qué es lo más importante en nuestra vida. Debemos preguntarnos: "¿Quiero realmente crecer espiritualmente?". Si ha leído hasta aquí, entonces pienso que sí desea crecer. Puede ser que en este momento se sienta abrumado o abrumada.

Lo que se necesita hacer es tener una meta clara en mente y mantenerse enfocado o enfocada en esto. Recuerde, nadie ha sobresalido en ninguna habilidad profesional, atlética o musical sin haber tenido que pagar el precio de la disciplina. La ciudad donde vivimos ha sido en el pasado un sitio de entrenamiento para diferentes patinadores profesionales. Me quedé sorprendido cuando me enteré de cuántas horas al día se pasan entrenando. ¿Cómo se mantienen motivados? La respuesta es clara. ¡Tienen su vista en la medalla de oro! Están dispuestos a pagar el precio porque se mantienen enfocados en el premio, aunque es obvio que no muchos de ellos van a ganar una medalla.

Pablo usa la analogía de las competencias de carreras que se efectuaban en su época, para desafiar a los corintios a pagar el precio del crecimiento. Así es como lo explicó:

> ¿No saben que en una carrera todos los corredores compiten, pero sólo uno obtiene el premio? Corran, pues, de tal modo que lo obtengan. Todos lo deportistas se entrenan con mucha disciplina. Ellos lo hacen para obtener un premio que se echa a perder; nosotros, en cambio, por uno que dura para siempre. Así que yo no corro como quien no tiene meta; no lucho como quien da golpes al aire (1 Corintios 9:24-26).

En nuestro caso, tenemos una ventaja sobre los atletas griegos. En una determinada carrera, sólo uno recibía el premio y éste era sólo una guirnalda que pronto se marchitaba. Pero nosotros no estamos en competencia con nadie. Todos podemos ganarnos el premio, y éste durará para siempre.

¿Cuál es su meta espiritual? ¿De veras desea el premio? ¿Quiere crecer para ser el hombre o la mujer que Dios quiere que sea? No estoy preguntando si desea tener éxito en una carrera profesional, sino si desea ser la persona que Dios quiere que sea. Mi madre murió cuando yo tenía catorce años. Ella sólo tenía cuarenta y uno, y nunca había viajado más de 300 kilómetros de su lugar de nacimiento. Pero, durante su vida, mantuvo su vista en la meta y recibió el premio. Uno de sus dos hijos llegó a ser un pastor fructífero y el otro está escribiendo este libro.

En contraste, una vez leí acerca de un gran hombre de negocios que era muy respetado en su comunidad y en su iglesia, quien en la ocasión de su cumpleaños número setenta escribió estas palabras: "Mi vida está llegando a su final. Y, a pesar de algunos momentos muy queridos, parece que cuando tenía veinticinco años fui a comprar pan a la tienda de la esquina. Cuando regresé a mi hogar, ya tenía setenta años".

No sé si este hombre era realmente un creyente o meramente un miembro de la iglesia. Pero si él era un verdadero cristiano, la triste reflexión de su vida no demuestra ninguna evidencia de un deseo de crecer. En vez de eso, sólo pudo ver su vida como un viaje a la tienda de la esquina para comprar pan.

¿Y usted? ¿Quiere pagar el precio de la disciplina espiritual que necesita practicar para así poder crecer?

# CAPÍTULO 6

# La clave para la Transformación

S I VAMOS A crecer en la semejanza de Cristo a través de estar expuestos a la Palabra de Dios, una de las cosas que debemos hacer es desarrollar convicciones basadas en la Biblia. Una convicción es una creencia definida; algo en lo que creemos con tanta fuerza e intensidad que afecta la manera en que vivimos. Alguien observó una vez: "Una creencia es algo que retenemos, pero una convicción es algo que nos retiene". Puede ser que usted viva de manera contraria a lo que cree, pero no puede vivir de forma contraria a sus convicciones. (Esto no quiere decir que nunca actuará contra sus convicciones, sino que no las violará consistentemente). Entonces, estamos hablando acerca del desarrollo de convicciones, no meramente creencias. Las convicciones, por supuesto, pueden ser buenas o malas; entonces debemos asegurarnos de que nuestras convicciones estén basadas en la Biblia, que sean derivadas de nuestra interacción personal con las Escrituras. ¿Entonces cómo desarrollamos convicciones basadas en la Biblia? Veamos otra vez Romanos 12:2.

## LÍNEA DIRECCIONAL DE INFLUENCIA

No se amolden al mundo actual, sino sean transformados mediante la renovación de su mente. Así podrán comprobar

cuál es la voluntad de Dios, buena, agradable y perfecta
(Romanos 12:2).

Al considerar este pasaje, una de las primeras cosas que vemos es
que Pablo estableció un contraste entre conformarse (o ser conforma-
do) al patrón de este mundo y el ser transformado por la renovación
de nuestra propia mente. Él supone que hay sólo dos alternativas: o
nuestras convicciones y valores vendrán de la sociedad que nos rodea
(el mundo), o vendrán al renovar nuestra mente a través de la Palabra
de Dios. No hay una tercera opción.

El autor del Salmo 1 afirmó esta verdad de una manera similar. Él
dijo:

> Dichoso el hombre
> que no sigue el consejo de los malvados,
> ni se detiene en la senda de los pecadores
> ni cultiva la amistad de los blasfemos,
> sino que en la ley del SEÑOR se deleita,
> y día y noche medita en ella.
> Es como el árbol plantado a la orilla de un río
> que, cuando llega su tiempo, da fruto
> y sus hojas jamás se marchitan.
> ¡Todo cuanto hace prospera! (Salmo 1:1-3).

El salmista imagina dos alternativas o dos grupos de personas.
Aquellas descritas en el primer versículo (a través de la expresión negativa *no sigue*) están siendo atraídas más y más bajo la influencia contro-
ladora de personas malas hasta que al final ellas mismas empiezan a

influenciar a otros. La frase: "cultivar la amistad de los blasfemos", probablemente se refiere a una posición de influencia y autoridad similar a aquella ejercida por los maestros de la ley, quienes tenían la responsabilidad de "interpretar a Moisés" (Mateo 23:2). Entonces, estas personas no sólo son esclavas del pecado, sino que también influyen en otras para que pequen.

El segundo grupo de personas son aquellas que se deleitan en la ley de Dios y meditan o piensan en ella constantemente. Una vez más, note que el salmista presenta un contraste entre dos influencias diametralmente opuestas: La influencia penetrante de la sociedad pecadora o la influencia de la ley de Dios que cambia la vida. No existe una esfera neutral de influencia. Estamos siendo influenciados por las fuerzas de esta sociedad pecadora, o estamos siendo influenciados por la Palabra de Dios.

La verdad es, por supuesto, que como creyentes estamos probablemente siendo influenciados por ambas: la sociedad y la Palabra de Dios. Podemos pensar de estas dos influencias opuestas como representaciones de los dos extremos de una línea direccional, demostrado en la siguiente ilustración:

SOCIEDAD PECADORA  PALABRA DE DIOS

Todos nosotros los que somos creyentes estamos en algún lugar en esta línea direccional, parcialmente influidos por la sociedad pecadora y parcialmente influidos por la Palabra de Dios. Cuanto más influenciados estamos por la sociedad, más nos movemos hacia el extremo izquierdo de la línea direccional. Cuanto más influenciados estamos por la Palabra de Dios, más nos movemos hacia la derecha. ¿Qué determina que nos movamos hacia la izquierda o la derecha? El salmista nos da la respuesta: nuestra actitud hacia la Palabra de Dios y el tiempo que pasamos pensando en ella. Nada más determinará *dónde estamos en la línea direccional.*

A la persona quien está viviendo hacia el lado derecho de la línea direccional se la describe, primeramente, como alguien que se deleita en la ley de Dios. Como el apóstol Pablo, esta persona ha determinado que: "... la ley [de Dios] es santa, y que el mandamiento [de Dios] es santo, justo y bueno" (Romanos 7:12). Él o ella ve que la ley de Dios no es onerosa o una carga, sino que nos ha sido dada para ayudarnos a agradar a Dios y para vivir vidas que son productivas y satisfactorias (ver Salmo 1:3). Aquél que se deleita en la ley de Dios ve a la Biblia no sólo como un libro de reglas difíciles de seguir, sino como la Palabra de su Padre celestial quien es el Dios de gracia y se relaciona con él o ella a través de esa gracia.

La persona que está viviendo hacia la derecha de la línea direccional también medita en la ley de Dios día y noche. La palabra *meditar* como es usada en la Escritura, significa pensar acerca de la verdad con miras a su significado y aplicación a la propia vida. Como Dios le dijo a Josué: "Recita siempre el libro de la ley y medita en él de día y de noche; cumple con cuidado todo lo que en él está escrito..." (Josué 1:8). Es la aplicación, o el "hacer", lo que debiera ser la meta de la meditación. Incluida en este concepto de meditación está la reflexión de nuestra propia vida para determinar qué nivel de conformidad, o falta de ella, hay entre la verdad espiritual y nuestro carácter o conducta. Como dijo el salmista:

Me he puesto a pensar en mis caminos,
y he orientado mis pasos hacia tus estatutos
(Salmo 119:59).

Él no sólo pensó acerca de la Escritura. También pensó acerca de su vida y la magnitud en que ella se conforma a la Escritura.

"Día y noche" es una expresión usada para indicar *continuidad*. Si queremos vivir hacia el extremo derecho de la línea direccional de influencia, nuestra mente debe estar sumergida en las Escrituras. Debemos enfocar constantemente nuestra mente hacia la Palabra de Dios, examinando su significado y aplicando sus verdades a nuestra vida. La idea de meditación continua puede parecer irreal e inasequible en nuestra era ocupada cuando nuestra mente necesita estar ocupada con las varias responsabilidades que todos tenemos. Puede ser que se pregunte: "¿Cómo puedo meditar en la Escritura, cuando tengo que pensar acerca de mi trabajo todo el día?".

No debemos pensar en el concepto "continuamente" como significando "cada momento". En vez de eso, pensemos en términos de "consistentemente" y "habitualmente". ¿En qué piensa cuando su mente está libre para moverse hacia cualquier cosa? ¿Empieza a meditar en la Escritura? Muy a menudo hago esta pregunta: "Cuando puede pensar en cualquier cosa que desea pensar, ¿en qué piensa?". ¿Piensa en sus problemas, o se enfrasca en una discusión mental con otra persona, o quizá aun permite que su mente se dirija a páramos de pensamientos pecaminosos? El pensar es nuestra actividad más constante. Nuestros pensamientos son nuestra ocupación constante. Nunca estamos sin ellos. Pero podemos escoger la dirección y el contenido de estos pensamientos.

La meditación en la Escritura es una *disciplina*. Debemos comprometernos a pensar por adelantado en posibles situaciones que requieran hacer uso de esta disciplina. Debemos memorizar pasajes clave (o llevarlos en tarjetas) para así poder pensar en ellos. Necesitamos estar alerta a aquellos momentos durante el día cuando podemos dirigir nuestra mente a la Palabra de Dios, y luego debemos *hacerlo*. Aun la práctica de leer la Biblia diariamente no es suficiente si nos pasamos el resto del día sin meditar en algunas verdades de la Escritura. Debemos escoger meditar en vez de pensar acerca de otras cosas o escuchar la radio o mirar la televisión. Simplemente, debemos decidir en cual extremo de la línea direccional de influencia queremos vivir y tomar los pasos apropiados.

Algo de lo que podemos estar seguros es: Si no buscamos *activamente* estar bajo la influencia de la Palabra de Dios, *estaremos* bajo la influencia de la sociedad pecaminosa que nos rodea. El impacto de nuestra cultura con su fuerte énfasis en el materialismo, en vivir para uno mismo, y en la satisfacción instantánea, es simplemente tan poderoso y penetrante como para que nosotros no seamos influenciados por él. Una vez más, no existe una posición neutral en la línea direccional de influencia. Somos llevados más y más bajo la influencia transformadora de la Escritura, o estamos siendo arrastrados progresivamente a la telaraña de la sociedad pecaminosa que nos rodea.

## SEAN TRANSFORMADOS

El pensamiento siguiente que vemos en Romanos 12:2 es que hemos de ser *transformados* por la renovación de nuestra mente. Hemos visto brevemente a la palabra *transformar* en el capítulo cuatro. La transformación es mucho más que meramente un cambio exterior de conducta. Es la renovación de nuestro ser interno, nuestro verdadero ser. Significa que nuestros motivos al igual que nuestras motivaciones están siendo cambiados para que *queramos* cambiar nuestra conducta exterior.

También vimos que el verbo *siendo transformado* en 2 Corintios 3:18 es pasivo, indicando algo que fue hecho a nosotros por el Espíritu Santo. Notamos que el Espíritu Santo es el agente que transforma y santifica. No nos transformamos solos o solas, aunque sí tenemos un papel que jugar en el proceso.

El verbo *ser transformado* en Romanos 12:2 es también una voz pasiva. Sin embargo, también es un imperativo, una orden o, en este caso, una exhortación. El uso de la forma imperativa con un verbo pasivo no es algo común en el castellano. Cuando damos una orden o incitamos a alguien a hacer algo, generalmente usamos un verbo activo. El padre de un jugador de béisbol de una liga de niños le dirá a su hijo: "Carlitos, dale a la pelota", cuando quiere que Carlitos haga algo, no que alguien le haga algo a él.

Sin embargo, Pablo nos exhorta a *ser transformados*. No nos incita a que hagamos algo pero a que dejemos que algo se nos haga. Otra ilustración con Carlitos, el pequeño beisbolista, nos ayuda a entender lo que Pablo nos está diciendo. Supongamos que Carlitos llega de su partido todo sudado y sucio por haberse arrastrado a la segunda base. Su madre está preparando la cena para recibir visitas esa noche. Le da una mirada a Carlitos y le dice: "Ve a bañarte".

Esa es una orden. Es un imperativo, y ella usa un verbo activo.

Quiere que Carlitos haga algo. ¿Pero cuál es el resultado final que la mamá de Carlitos quiere? Quiere que Carlitos esté limpio, entonces lo dirige a bañarse. Sabe que Carlitos no puede limpiarse a sí mismo. Si lo intentara, lo único que pasaría es que la tierra se cambiaría de lugar. Quiere que Carlitos vaya bajo la acción limpiadora del jabón y el agua. Son el jabón y el agua los que lavarán el sudor y la tierra, pero Carlitos debe colocarse bajo esta acción limpiadora. De modo que su madre le dice: "Ve a bañarte".

Así como Carlitos no puede limpiarse a sí mismo, nosotros tampoco podemos transformarnos a nosotros mismos. Sólo el Espíritu Santo puede hacerlo. Pero así como Carlitos debe colocarse bajo la acción limpiadora del jabón y el agua, nosotros debemos colocarnos bajo la acción transformadora del Espíritu Santo. Esto significa, por supuesto, que debemos someter continuamente nuestra mente a la Palabra de Dios, la cual es el instrumento principal que el Espíritu Santo usa para transformarnos.

Así que, cuando Pablo nos motiva a "ser transformados por la renovación de nuestra mente", está esencialmente diciendo: "Pónganse bajo la influencia transformadora de la Palabra de Dios". Es a través de este medio que empezamos a desarrollar convicciones basadas en la Biblia.

La exhortación de Pablo a que seamos transformados está también en el tiempo presente. Esto significa que debemos continuar permitiéndonos ser transformados. La transformación es un proceso continuo que debe ocurrir cada día de nuestra vida. Cuando pensamos en la renovación de nuestra mente, necesitamos darnos cuenta de que aquello que necesita ser cambiado va mucho más allá de sólo nuestros pensamientos y nuestra comprensión. También necesitamos cambiar nuestros afectos y nuestra voluntad. Pero todo esto empieza con nuestra comprensión de la verdad.

Por eso, debemos hacer todo lo posible por entenderla lo mejor que podamos. Necesitamos aproximarnos a la Biblia cada día con un profundo espíritu de humildad, reconociendo que nuestro entendimiento de la verdad espiritual es incompleto y hasta cierto punto incorrecto. Ningún cristiano o grupo de cristianos tiene el monopolio de la verdad. En cierta ocasión Jesús dijo: "Te alabo, Padre, Señor del cielo y de la tierra, porque habiendo escondido estas cosas de los sabios e instruidos, se las has revelado a los que son como niños. Sí, Padre, porque esa fue tu buena voluntad" (Lucas 10:21).

Necesitamos aproximarnos a las Escrituras cada día como niños pequeños, pidiéndole al Espíritu Santo que nos enseñe. Independientemente de cuánto ya sabemos y entendemos, hay todavía una bodega infinita de entendimiento de la mente de Dios esperando por nosotros en la Escritura. Mi propia experiencia, basada en cincuenta años de estudiar la Biblia, es que cuanto más aprendo y entiendo la Escritura, más veo lo poco que comprendo verdaderamente todo lo que Dios nos ha revelado en su Palabra. Así que ore como lo hizo el salmista: que Dios les abra los ojos para que así puedan ver lo maravilloso de su ley y que él les dé entendimiento para así guardar su ley (ver Salmo 119:18, 34). Pídale al Espíritu Santo que le ayude a darse cuenta de aquellas áreas en su vida donde no es completamente obediente a su voluntad revelada. Aquí es donde empieza la aplicación.

## APLÍQUELO A SU VIDA

El colocarnos bajo la influencia transformadora de la Palabra de Dios significa, sin embargo, mucho más que sólo adquirir conocimiento acerca del contenido de la Escritura. De hecho, el adquirir información sobre los hechos o las doctrinas de la Biblia sin aplicarlo a la vida personal puede llevarnos a orgullo espiritual. Como Pablo dijo: "El conocimiento envanece, mientras que el amor edifica" (1 Corintios 8:1). Por otro lado, Pablo también habló de que "los elegidos de Dios lleguen a conocer la verdadera religión" (Tito 1:1).

¿Cuál es la diferencia entre estos dos conceptos del conocimiento bíblico? En la primera situación, los corintios estaban usando su conocimiento en una manera egoísta y orgullosa. Estaban "mirando por encima del hombro" a las personas de convicciones diferentes a las que ellos tenían. Por otro lado, el conocimiento que lleva a "conocer la verdadera religión", es aquel conocimiento de las Escrituras que se aplica a la vida de uno y que trae como resultado la santidad.

Uno de los problemas con la cristiandad actual es la manera en que nos sentamos cada semana bajo la enseñanza de la Palabra de Dios, o aun tenemos devociones privadas y quizás participamos en estudios Bíblicos, pero sin una intención seria de obedecer las verdades que aprendemos. La acusación hacia la gente judía que Dios hizo a Ezequiel bien podría usarse hoy en día:

> Y se te acercan en masa, y se sientan delante de ti y escuchan tus palabras, pero luego no las practican. Me halagan de labios para afuera, pero después sólo buscan las ganancias

injustas. En realidad, tú eres para ellos tan sólo alguien que entona canciones de amor con una voz hermosa, y que toca bien un instrumento, oyen tus palabras, pero no las ponen en práctica (Ezequiel 33:31, 32).

Nuestra tendencia parece ser que igualamos el conocimiento de la verdad, y aun estamos de acuerdo con ella, con la obediencia de la verdad. Santiago dijo que cuando hacemos esto nos engañamos a nosotros mismos (ver Santiago 1:22). Esto es especialmente cierto cuando nos enfocamos en los pecados escandalosos "de afuera" en la sociedad y somos negligentes con aquellos pecados más "refinados" que cometemos.

No podemos desarrollar convicciones basadas en la Biblia simplemente por almacenar conocimiento de la Biblia en nuestras cabezas. Ni siquiera podemos desarrollarlas con el estudio bíblico personal y la memorización de la Escritura, aunque ciertamente esas prácticas nos ayudan a empezar. Al empezar a meditar consistentemente en la Escritura, nos vamos acercando. Pero las convicciones se desarrollan realmente cuando empezamos a aplicar las enseñanzas de la Escritura a las situaciones reales de la vida.

Toda la vida debería ser un teatro donde aprendemos a aplicar la Palabra de Dios. Casi cada evento, cada actividad, cada circunstancia puede o debe ser una ocasión para aplicar los principios espirituales o aun un versículo específico a la situación. Para los principiantes, podemos aprender que debemos estar "dando siempre gracias a Dios el Padre por todo, en el nombre de nuestro Señor Jesucristo" (Efesios 5:20). Esto no sólo es una idea bonita; es un imperativo espiritual. En otros lugares Pablo nos dice que Dios "es quien da a todos la vida, el aliento y todas las cosas" (Hechos 17:25). El principio de la Escritura es: Dios nos da todas las cosas, por eso debemos ser agradecidos con él por todas las cosas.

¿Cómo aprendemos a aplicar este principio a nuestra vida diaria? Podemos empezar memorizando Hechos 17:25 y Efesios 5:20. Después, por un período, debemos repasar estos pasajes diariamente, meditando en ellos, orando sobre ellos, y pidiéndole a Dios que nos ayude a aplicarlos a nuestra vida diaria. Empiece a buscar oportunidades durante el día para darle gracias a Dios por lo que él ha provisto. Al ponerse las medias en la mañana, agradézcale a Dios porque tiene medias para usar. (Quizá este último comentario puede parecerle extremo, pero si lo practica por un tiempo le ayudará a aprender a estar continuamente agradecido o agradecida durante el día). Al darle gracias a Dios por los alimentos, agradézcale por haberle dado un trabajo a usted, a su cónyuge o a sus padres, que le ayudó a comprarlos y poder tenerlos sobre la mesa. Hasta puede agradecerle porque no estamos viviendo en carestía, como otros en otras partes del mundo, y porque hay comida en el supermercado para comprar.

Si es un estudiante universitario, acuérdese de darle gracias a Dios al ir a la clase, por haberle dado los fondos necesarios de cualquier fuente que sea (padres, becas, préstamos estudiantiles) para permitirle estudiar. Empieza ya a captar la idea. Si hace esto, aprenderá a ver la mano de Dios en todo lo que hay en la vida.

¿Y qué acerca de su forma de manejar? Unos años atrás un amigo mío empezó a crecer espiritualmente. Un día él leyó 1 Juan 2:6: "el que afirma que permanece en él, debe vivir como él vivió". Como él tenía "pie pesado" para manejar, adaptó el versículo para que diga: "el que afirma que permanece en él, debe manejar como lo haría Jesús". Él escribió esto en una tarjeta y lo pegó al tablero de instrumentos del auto y empezó a aplicarlo a su manera de manejar. ¿Suena un poco trivial? No para él. Empezó a aplicar la Escritura a toda su vida. Hoy, su ministerio de enseñanza a las personas sobre cómo aplicar la Escritura en las relaciones interpersonales está literalmente influyendo a creyentes alrededor del mundo.

Una vez más, casi no hay circunstancia, evento o actividad en toda la vida que no sea una oportunidad para aplicar un versículo específico de la Escritura, o por lo menos un principio de la Escritura para la situación. Aun cuando las circunstancias vayan en contra de nuestros deseos o frustren nuestros planes, podemos aprender a dar "gracias a Dios en toda situación" (1 Tesalonicenses 5:18), porque "sabemos que Dios dispone todas las cosas [todas las circunstancias] para el bien de quienes [nosotros] lo aman" (Romanos 8:28).

Espero que para este punto usted haya captado la idea. Su trabajo, sus estudios, su recreación, sus compras, su manera de conducir, sus relaciones con otras personas durante el día; todo eso, y mucho más, proveen oportunidades para aplicar la Biblia a su vida. No puedo pensar en una sola área u ocasión en la vida que no esté sujeta a la aplicación de la Escritura. Si no es un versículo específico o varios versículos, algún principio bíblico se puede aplicar.

Además, Dios en su propia manera, lo pondrá en determinadas circunstancias donde usted pueda aplicar su Palabra. Por ejemplo, Pablo nos instruye: "de modo que se toleren unos a otros y se perdonen si alguno tiene queja contra otro" (Colosenses 3:13; ver también Efesios 4:2). La frase "que se toleren" significa ser paciente con o aun ignorar las faltas y fallas sin intención de otros. ¿Le ha puesto Dios en alguna situación donde tiene que interactuar frecuentemente con otra persona que está siempre atrasada? Nuestra costumbre es exhortar a esa persona a estar a tiempo. El estilo de Dios puede ser que usted aprenda a tolerar el defecto de esa persona. En efecto, es seguro afirmar que la voluntad de Dios no es que trate de "ayudar" a esa persona a estar a tiempo hasta que usted haya aprendido a ser paciente. Dios puede querer cambiarlo primero a usted antes de hacer cambios en la otra persona.

La mayoría de nosotros hemos tenido "laboratorios" en el colegio o en la universidad donde teníamos que aprender a aplicar las teorías que estábamos aprendiendo en la clase. Las circunstancias de la vida son nuestros "laboratorios espirituales" donde aprendemos a aplicar lo que se nos está enseñando en la "clase" de la Biblia. Es imposible, por ejemplo, aprender a tener paciencia sin estar en una situación donde tenemos que ser pacientes con la falla o el fracaso de otro. Podemos leer sobre la paciencia en la Biblia. Podemos estar de acuerdo que es algo que debemos de hacer si la situación se presenta. Podemos aun memorizar un versículo como Colosenses 3:13 y meditar sobre él. Pero hasta que nos encontremos en una circunstancia que requiera tener paciencia con otra persona, no aprenderemos la paciencia.

Recuerde, aunque la Biblia es el instrumento principal de transformación, el Espíritu Santo es el agente. Así que él es el que organiza las circunstancias de nuestra vida para darnos la oportunidad de aplicar la Escritura. Él también es el que nos cambia más y más a la semejanza de Jesucristo. Él es el Maestro por excelencia. En realidad, él es mucho más que un maestro. Un maestro sólo puede dirigir nuestras mentes de manera externa, pero el Espíritu Santo trabaja "*en* ustedes [nosotros] tanto el querer como el hacer para que se cumpla su buena voluntad" (Filipenses 2:13). Entonces nuestra responsabilidad es colocarnos bajo su instrumento, la Biblia, para que él pueda hacer su trabajo de transformarnos y buscar aplicar en nuestra vida diaria lo que nos está enseñando en la Escritura.

# Capítulo 7

# Disciplina
# DEPENDIENTE

A L TRATAR DE aplicar las Escrituras a nuestra vida diaria, pronto aprendemos que no es algo tan fácil. Claro, podemos entrenarnos a dar gracias por las medias que nos ponemos y la comida que comemos, pero ¿qué de hacerlo de corazón? ¿Qué de la paciencia con esa persona que siempre está atrasada? ¿O qué de esos patrones de conducta pecaminosos con los cuales luchamos como el enojo, la ansiedad, la falta de contentamiento, los pensamientos inmorales y una lengua descontrolada? Pronto nos damos cuenta de que necesitamos un poder fuera de nosotros mismos para luchar con esas áreas de nuestra vida. Ese poder, por supuesto, es el poder de Cristo aplicado a nuestra vida por su Espíritu Santo quien mora dentro de nosotros. (¿Se acuerda del segundo "sujetalibros" de crecimiento espiritual?).

No hay duda de que somos responsables por nuestro crecimiento. Todos los imperativos del Nuevo Testamento asumen nuestra responsabilidad. Pero al mismo tiempo, no tenemos la habilidad de crecer por nosotros mismos. Estamos completamente dependientes del Espíritu Santo. El crecer es nuestro deber, pero sólo el Espíritu Santo nos capacita para crecer. Es en este punto que quiero introducir uno de los principios más importantes del crecimiento espiritual: la *responsabilidad dependiente*.

Somos a la vez responsables por crecer y dependientes del Espíritu Santo quien nos capacita para hacerlo. Este es un principio difícil de aprender. Tendemos a vacilar entre el total esfuerzo propio y la dependencia pasiva. Un día nos "esforzamos duramente", y el día siguiente queremos simplemente "dárselo todo al Señor y dejarle vivir su vida a través de nosotros". Ambos métodos están equivocados. Como Jesús dijo en Juan 15:5: "separados de mí no pueden ustedes hacer nada". Al mismo tiempo, él no hace el trabajo en nuestro lugar. Sino que, a través de su Espíritu, él nos capacita para hacer el trabajo (ver Filipenses 2:12, 13).

Entonces, en el crecimiento espiritual nuestra actividad tiene mucho que ver. Pero es una actividad que debe llevarse a cabo en dependencia del Espíritu Santo. No es una sociedad con el Espíritu en el sentido de que cada uno, el creyente y el Espíritu Santo, hagamos nuestras tareas respectivas. Más bien, trabajamos mientras él nos capacita para trabajar. Su trabajo está detrás de todo nuestro trabajo y él hace posible nuestro trabajo.

El Espíritu Santo puede obrar y obra dentro de nosotros aparte de cualquier respuesta consciente de nuestra parte. Él no depende de nosotros para hacer su trabajo. Pero nosotros sí dependemos de él para hacer nuestro trabajo; no podemos hacer nada aparte de él. En el proceso del crecimiento espiritual, hay ciertas cosas que sólo el Espíritu Santo puede hacer, y hay ciertas cosas que él nos ha dado para que nosotros hagamos. Por ejemplo, solo él puede producir en nuestros corazones el *deseo* de obedecer a Dios, pero él no obedece por nosotros. Nosotros debemos hacer esto, pero sólo lo podemos hacer cuando él nos da el poder de obedecer.

Entonces, debemos depender del Espíritu Santo para que él haga dentro de nosotros lo que sólo él puede hacer. Y debemos depender de él sólo en la cantidad necesaria para que *nos* capacite para hacer lo que él nos dio para hacer. Así que, ya sea su trabajo o nuestro trabajo, en cada caso, dependemos de él. No es que sólo dependemos de él; sino que dependemos *desesperadamente* de él. Tan a menudo igualamos carácter semejante a Cristo con la moralidad ordinaria, que fallamos en entender lo imposible que es lograr *cualquier* grado de conformidad a Cristo por nuestros propios medios. Pero si tomamos en serio las características de Cristo que debemos de imitar, como Pablo las menciona en Gálatas 5:22, 23 y Colosenses 3:12-14, vemos lo imposible que es crecer a la semejanza de Cristo aparte de la influencia y el poder del Espíritu Santo en nuestra vida.

## ¿TRABAJAR U ORAR?

Hay muchas ocasiones en la Escritura donde ambos conceptos de dependencia y responsabilidad aparecen en la misma frase o párrafo. Por ejemplo, Salmo 127:1 dice:

> Si el Señor no edifica la casa,
> en vano se esfuerzan los albañiles.
> Si el SEÑOR no cuida la ciudad,
> en vano hacen guardia los vigilantes.

El salmista ve a Dios tan íntimamente envuelto en edificar y cuidar que él dice: "Si el SEÑOR no *edifica* la casa,... Si el SEÑOR no *cuida* la ciudad". Él no dice: "Si el Señor *ayuda* a los albañiles y a los vigilantes"; sino que dice: "Si el Señor... edifica... y... cuida".

Pero es obvio que el salmista imagina a los albañiles trabajando en construir la casa y a los vigilantes haciendo guardia sobre la ciudad. Los albañiles no pueden guardar sus herramientas e irse a pescar y luego esperar que Dios construya la casa. Ni tampoco pueden los vigilantes irse a la cama y esperar que Dios vigile la ciudad. Los albañiles deben trabajar, y la guardia debe vigilar, pero todos deben llevar a cabo sus responsabilidades en tal dependencia de Dios que el salmista habla de *su* edificar y *su* vigilar.

Considere el testimonio de Pablo en Filipenses 4:11-13:

> No digo esto porque esté necesitado, pues he aprendido a estar satisfecho en cualquier situación en que me encuentre. Sé lo que es vivir en la pobreza, y lo que es vivir en la abundancia. He aprendido a vivir en todas y cada una de las circunstancias, tanto a quedar saciado como a pasar hambre, a tener de sobra como a sufrir escasez. Todo lo puedo en Cristo que me fortalece.

Pablo dijo que había aprendido a estar satisfecho. Reconoció que era su responsabilidad el estar satisfecho, y que necesitaba crecer en esa área de la vida. No sólo se lo dio todo al Señor y confió en que él haría todo para mantenerlo satisfecho. Él trabajó por esto. Pero él sabía que sólo podría estar satisfecho a través del Señor, quien le dio la fortaleza. Pablo también reconoció que la fortaleza del Señor no vino como un "paquete desde el cielo", como si la fortaleza de Cristo es una mercancía a ser recibida. Más bien, él sabía que esta fortaleza provenía de su unión con Cristo, a la cual se refirió Jesús en su metáfora de la vid y las ramas relatada en Juan 15:4, 5. Porque Pablo estaba unido a Cristo, él pudo, a través de fe, confiar en que Cristo trabajaría en él a través de su Espíritu.

## LA DISCIPLINA DE LA ORACIÓN

Entonces ¿cómo podemos crecer en un sentido consciente de dependencia de Cristo? A través de la disciplina de la oración. La oración es la expresión tangible de nuestra dependencia. Podemos estar de acuerdo con el hecho de que dependemos de Cristo, pero si nuestra vida de oración es insuficiente o rutinaria, lo negamos. Es como si estuviéramos diciendo que podemos controlar la mayoría de nuestra vida espiritual con nuestra propia disciplina y nuestra sincera bondad innata. O quizás estamos diciendo que ni estamos comprometidos a buscar el crecimiento espiritual.

El autor del Salmo 119 nos enseña acerca de la disciplina de la oración. Usualmente pensamos de este salmo como el salmo de la Palabra de Dios, ya que la Palabra de Dios está mencionada por varios nombres en todos menos cuatro de sus 176 versículos. Pero es más que nada una expresión del deseo ardiente del salmista por comprometerse a obedecer a Dios. El salmista le ora a Dios veintidós veces para que le ayude a obedecer su ley. Los versículos 33-37 son un buen ejemplo:

> Enséñame, SEÑOR, a seguir tus decretos,
> y los cumpliré hasta el fin.
> Dame entendimiento para seguir tu ley,

y la cumpliré de todo corazón.
Dirígeme por la senda de tus mandamientos
porque en ella encuentro mi solaz.
Inclina mi corazón hacia tus estatutos
y no hacia las ganancias desmedidas.
Aparta mi vista de cosas vanas,
dame vida conforme a tu palabra.

El salmista quiere que Dios le enseñe, que le dé entendimiento, y que lo dirija por los caminos de sus mandamientos. También quiere que Dios trabaje directamente en su corazón, volviendo su corazón hacia sus estatutos y apartando sus ojos de aquellas cosas que no tienen valor. Aunque estaba ardiente en su deseo de obedecer, reconoció su dependencia de Dios para poder hacerlo.

## EL EJEMPLO DE NEHEMÍAS

Nuestras oraciones de dependencia deben de ser de dos tipos: Períodos de oración planeados, y oraciones no planeadas y espontáneas. Vemos a los dos ilustrados maravillosamente en la vida de Nehemías, y escritos para nosotros en los capítulos uno y dos de ese libro. Nehemías fue uno de los judíos en exilio y fue copero del rey Artajerjes de Persia. El libro empieza con Nehemías cuando se entera acerca de la triste situación de los judíos en Judea y la condición del muro de la ciudad de Jerusalén, el cual había sido destruido junto con sus puertas que habían sido quemadas por el fuego. Al oír esto, Nehemías se sentó y lloró. Luego ayunó y oró por un período de varios meses (ver Nehemías 1).

La Escritura no indica esto, pero podemos asumir que Nehemías tomó un momento, o varios, durante el día donde él seriamente buscó a Dios respecto al bienestar de Jerusalén. Después de todo, él era el copero del rey y como tal, tenía deberes oficiales que cumplir. Así que, seguramente, debía planificar un horario de oración alrededor de sus deberes diarios, al igual que nosotros tenemos que hacer. Dado que oró durante un período de varios meses, podemos describir esta parte de la vida de oración de Nehemías como una oración *planeada, prolongada y perseverante*. Fue planeada porque formaba parte de su horario diario, prolongada porque se extendió a través de un período de varios meses, y perseverante porque continuó orando hasta que Dios respondió.

Un día, después de varios meses de orar, cuando Nehemías le trajo el vino al rey, el rey notó que la cara de Nehemías estaba triste. Hasta este momento, Nehemías había ocultado la tristeza de su corazón por sus compatriotas y la condición de su querida ciudad, Jerusalén. Pero ahora, el rey le preguntó por la causa de su tristeza, y Nehemías se lo explicó (ver Nehemías 2:1-3).

El rey Artajerjes dijo: "¿Qué quieres que haga?" (v. 4). El momento de crisis había llegado. Ahora Nehemías debía poner a los pies del rey su petición de ir a Jerusalén para reconstruir el muro. Pero, antes de contestar, Nehemías dice: "Encomendándome al Dios del cielo, le respondí" (vv. 4, 5). Obviamente, el rey no se dio cuenta de la oración corta y silenciosa de Nehemías. Seguramente fue algo como: "Señor, ayúdame a hablar, dame gracia en el corazón del rey". Nehemías envió esta oración corta y silenciosa a los cielos mientras estaba abriendo la boca para hablarle al rey. En contraste con su oración planeada, prolongada y perseverante a través de varios meses, esta oración fue *corta, espontánea y no planeada*.

Los dos tipos de oraciones fueron necesarios en la situación de Nehemías. Cada una le dio validez a la otra. Nehemías no pecó contra Dios esperando hasta ese día importante en la corte del rey para orar. Él vio una necesidad y oró persistentemente hasta que Dios respondió. A la misma vez, Nehemías no se apresuró a responderle al rey sin primero orar rápida y silenciosamente. No presupuso que porque había estado orando por tantos meses no necesitaba orar en ese momento. Estaba muy consciente de su dependencia total de Dios; entonces, su oración rápida y silenciosa fue un acto espontáneo en lugar de algo planeado.

Podemos aprender del ejemplo de Nehemías cómo orar por nuestro crecimiento espiritual. Al igual que Nehemías, necesitamos asignar un tiempo cada día para la oración *planeada, prolongada y perseverante*. Debemos poner ante el Señor aquellas áreas de pecaminosidad persistentes en nuestra vida: pecados como chismes, irritabilidad, falta de paciencia, falta de amor, pensamientos impuros, y ojos indisciplinados y desviados. Estos pecados deben ser el objeto de una oración seria para que Dios trabaje en nosotros y nos *capacite* para luchar contra ellos. Noten que he dicho, que nos capacite. Nosotros somos los que debemos luchar con estos pecados, pero el Espíritu Santo debe capacitarnos para hacerlo.

En Romanos 8:13 el apóstol Pablo escribió: "Porque si ustedes viven conforme a ella, morirán; pero si por medio del Espíritu dan muerte a los malos hábitos del cuerpo, vivirán". Noten otra vez la disciplina dependiente. Esta es la disciplina de dar muerte a los pecados del cuerpo que consideraremos con más detalle en el capítulo 10, pero lo hacemos "por medio del Espíritu". Esto significa una oración continua y fervorosa para que el trabajo del Espíritu Santo nos capacite para hacer lo que debemos hacer. No estamos dotados con un depósito de fortaleza de donde podemos sacar. Es siempre "por medio del Espíritu" que los actos pecaminosos mueren.

Es precisamente porque no estamos dotados con un depósito de fortaleza que necesitamos orar diariamente por el trabajo del Espíritu dentro de nosotros. La santidad requiere un esfuerzo continuo de nuestra parte, y la alimentación y fortaleza continua del Espíritu Santo. Sin embargo, a menos que usted planifique orar y establezca un *tiempo* específico para hacerlo, encontrará que no llevará a cabo sus buenas intenciones. Así que, si todavía no tiene esta práctica, ¿por qué no hace un alto a la lectura y hace su plan ahora mismo? También encuentro de gran ayuda escribir en un papel (sólo para mis ojos) los pecados específicos por los cuales necesito ayuda para luchar contra ellos, y las virtudes específicas del carácter cristiano (veremos más de esto en el capítulo 11) en las cuales, hasta donde yo puedo decir, necesito crecer más.

Además de orar por los pecados en nuestra vida y por aquellas áreas de nuestro carácter donde debemos crecer, es también bueno orar para que seamos librados de la tentación (ver Mateo 6:13) y para que estemos alerta para no ser cegados por la tentación cuando ésta venga. Finalmente, en nuestro momento de oración planeado, es bueno orar lo que dice Hebreos 13:21: que Dios cumpla en nosotros lo que le agrada, porque él sabe mucho más que nosotros qué necesita pasar realmente en nuestra vida en cualquier momento.

Entonces, como Nehemías, necesitamos esas oraciones espontáneas, y cortas no planeadas. Las necesitamos a través del día al enfrentar la tentación a pecar y al enfrentar circunstancias en las cuales necesitamos ayuda para poder demostrar un carácter santo. En cualquier situación, un simple: "Señor, ayúdame" enfoca nuestra dependencia en Dios en vez de en nuestra propia fuerza de voluntad y trae la ayuda del Espíritu Santo hacia nosotros. Él retiene su ayuda cuando olvidamos nuestra necesidad de ella y no le pedimos que nos la dé. Por esto necesitamos esas oraciones cortas y espontáneas a través del día, para que nos ayuden tanto a cultivar un sentido de dependencia de Cristo como a recibir la ayuda que él nos manda a través de su Espíritu.

## EL PECADO DE LA AUTOSUFICIENCIA

Creo que una de las principales características de nuestra naturaleza pecadora, o "carnal" como es llamada en la mayoría de las traducciones de la Biblia, es una actitud de independencia hacia Dios. Aun cuando sabemos y estamos de acuerdo en que dependemos de él, tendemos por costumbre, o hábito, a actuar independientemente. Es parte del síndrome de: "no hago el bien que quiero, sino el mal que no quiero" (Romanos 7:10), el cual nos aferra fuertemente. Sin duda, una de las razones por las cuales Dios nos permite caer ante la tentación tan a menudo es para enseñarnos a través de la experiencia que verdaderamente dependemos de él para ayudarnos a crecer en santidad.

Una de las mejores maneras, aparte de esas experiencias dolorosas de fracaso, de aprender acerca de la dependencia es desarrollando la disciplina de la oración. Esto nos hace reconocer de una manera tangible nuestra dependencia del Espíritu Santo. Esto es cierto porque, sin importar qué otras cosas digamos acerca de la oración, es un reconocimiento de nuestra incapacidad y dependencia absoluta de Dios.

Es esta admisión de nuestra incapacidad y dependencia lo que es tan repugnante a nuestro espíritu pecaminoso de autosuficiencia. Y, si somos naturalmente propensos por temperamento a ser disciplinados, es aún más difícil reconocer que dependemos de Cristo y de su Espíritu en vez de nuestra disciplina propia.

Recuerde, sin embargo, que llegar a ser santos es llegar a ser como nuestro Señor Jesús. Y él mismo dijo: "Yo no puedo hacer nada por mi propia cuenta" (Juan 5:30). Él dependía completamente del Padre, y lo reconoció voluntaria y libremente. Su dependencia no fue algo forzado; fue de corazón, aun con entusiasmo, porque sabía que somos creados para depender de Dios. Así que, si queremos crecer a semejanza de Cristo, debemos buscar tener un espíritu de dependencia y no uno de independencia. Y una de las mejores maneras que Dios nos ha dado para lograrlo es a través de la disciplina de la oración.

# CAPÍTULO 8

# EL COMPAÑERISMO
# ESPIRITUAL

U N DÍA recibí una llamada urgente de un amigo cristiano preguntando si podíamos almorzar juntos ese día. Periódicamente nos reuníamos para almorzar o desayunar, y para compartir lo que Dios estaba haciendo en nuestra vida. De esa forma nos animábamos y aconsejábamos el uno al otro, y también compartíamos peticiones de oración. Yo no lo estaba discipulando a él, ni él me estaba discipulando a mí. Los dos estábamos dedicados a ministrar a otros, pero necesitábamos y apreciábamos la fortaleza mutua que proviene de esos momentos juntos.

Ese día no fue un momento ordinario el que pasamos juntos. Mi amigo estaba angustiado. Durante el almuerzo me abrió su corazón y compartió problemas difíciles que estaba afrontando en su trabajo. Yo escuché, ofrecí una o dos sugerencias de las Escrituras de cómo debía responder él, y me comprometí a orar por él. Al manejar de regreso a mi oficina oré por él, y cuando llegué a casa esa noche anoté su necesidad en mi lista de oraciones de "emergencia".

Su situación no mejoró inmediata y dramáticamente, pero después de un período de varios meses, Dios sí respondió a sus oraciones. Durante ese tiempo yo continué animándolo, orando por él y explorando varias alternativas con él hasta que vimos a Dios obrar.

Este incidente ilustra la importancia y la necesidad vital del *compañerismo espiritual*. El compañerismo espiritual no es una actividad social, pero sí es una relación de dos o más creyentes quienes desean ayudarse el uno al otro a crecer en Cristo. Dios nos ha creado para que seamos dependientes de él y los unos de los otros. Su afirmación de que: "No es bueno que el hombre esté solo" (Génesis 2:18) es un principio que no solamente habla a la relación de un matrimonio pero también a la necesidad de comunión espiritual entre los creyentes. Ninguno de nosotros y nosotras tenemos recursos espirituales para "hacerlo solos" en nuestra vida cristiana. El compañerismo espiritual no es un lujo sino una necesidad vital para nuestro crecimiento espiritual y nuestra salud. El compañerismo bíblico abarca tanto el compartir juntos nuestra vida común en Cristo como el compartir uno con otro lo que Dios nos ha dado. Una de las cosas más importantes que podemos compartir el uno con el otro es la verdad espiritual que Dios nos está enseñando, la cual puede ser de gran ayuda a los compañeros y las compañeras creyentes. J. I. Packer tiene una perspectiva interesante acerca de este tipo de compañerismo:

> No debemos... pensar de nuestro compañerismo con otros cristianos como un lujo espiritual, una adición opcional a los ejercicios de devoción privados. Debemos reconocer que tal compañerismo es una necesidad espiritual; porque Dios nos ha hecho de tal manera que nuestra comunión con él es saciada por nuestra comunión con compañeros cristianos, y requiere ser saciada constantemente para su profundidad y enriquecimiento[1].

La Escritura contiene una cantidad de exhortaciones y ejemplos de este tema. Por ejemplo, Salomón dice en Proverbios 27:17: "El hierro se afila con el hierro, y el hombre en el trato con el hombre". Es en el intercambio del uno con el otro que Dios nos está enseñando que nuestras mentes y corazones son animados y estimulados. Aprendemos el uno del otro así como juntos aprendemos de Dios.

Salomón, escribiendo en Eclesiastés, dijo: "Más valen dos que uno, porque obtienen más fruto de su esfuerzo. Si caen, el uno levanta al otro. ¡Ay del que cae y no tiene quien lo levante!" (Eclesiastés 4:9, 10).

Salomón pretendía más que solamente una aplicación literal de estas verdades a situaciones físicas. En su manera pintoresca, estaba enfatizando la importancia del compañerismo. Dos son mejores que uno; primero, por el efecto de la sinergia: dos juntos pueden producir más que cada uno trabajando por su lado. Dos cristianos que comparten la Escritura juntos pueden aprender más que los dos estudiando individualmente. Se estimulan el uno al otro. En segundo lugar, dos personas juntas pueden ayudarse mutuamente cuando caen o aun cuando están en peligro de caer. Una de las muchas ventajas del compañerismo es el mutuo advertirse o apoyarse uno al otro al enfrentar la tentación o un ataque de Satanás.

El autor de la carta a los Hebreos fue bastante enfático acerca de la importancia de este aspecto del compañerismo. En Hebreos 3:13 él dijo: "Más bien, mientras dure ese 'hoy', anímense unos a otros cada día, para que ninguno de ustedes se endurezca por el engaño del pecado". Luego en Hebreos 10:24, 25 él dijo: "Preocupémonos los unos por los otros, a fin de estimularnos al amor y a las buenas obras. No dejemos de congregarnos, como acostumbran hacerlo algunos, sino animé-monos unos a otros, y con mayor razón ahora que vemos que aquel día se acerca". Noten el énfasis en animarse el uno al otro al enfrentar la tentación, y en ayudarse el uno al otro a crecer en el amor y las buenas obras. Necesitamos ser guardados de la tentación y necesitamos ser estimulados cuando nuestro celo por los deberes cristianos disminuye.

La amonestación de Hebreos 10:24, 25: "No dejemos de congre-garnos", no se satisface meramente por asistir a la iglesia los domingos por la mañana, como muchos suponen. Sino que se satisface sólo cuando llevamos a cabo la instrucción de animarnos, ayudarnos o esti-mularnos unos a otros. Esto no puede hacerse sentado en el banco, fila tras fila, escuchando la predicación del pastor. Sólo se puede hacer a través del intercambio de la amonestación y del ánimo mutuo. Esto no disminuye la importancia del ministerio de enseñanza de nuestros pas-tores. La Biblia deja bien en claro que el ministerio de la enseñanza tiene un lugar vital en nuestra vida (ver, por ejemplo, Efesios 4:11, 12; 1 Tesalonicenses 4:1; 1 Timoteo 3:2; 1 Timoteo 5:17; 2 Timoteo 4:2). Pero necesitamos tanto la enseñanza pública de nuestros pastores como el estímulo y la amonestación de unos a otros. Esto último es lo que parece ser la estocada principal de Hebreos 10:24, 25.

Aun el apóstol Pablo, siendo el gigante espiritual que fue, reconoció su necesidad de tener compañerismo con otros creyentes. Al escribirle a la iglesia en Roma, expresó su deseo: "Para que unos a otros nos animemos con la fe que compartimos" (Romanos 1:12). Él deseaba fortalecer la fe de los cristianos romanos, pero también quería que ellos fortalecieran la de él. Constantemente reconocía su necesidad por otros creyentes.

Históricamente, el Credo Apostólico de la iglesia habla de "el compañerismo de los santos", refiriéndose, sin duda, a la relación colectiva objetiva al igual que a la experiencia de compartir que existe en el compañerismo espiritual de unos con otros. Packer nos dice: "Los puritanos le pedían a Dios un 'amigo del alma' con quien pudieran compartir absolutamente todo y mantener una relación total y absoluta de compañerismo en la oración; y con esto anhelaron, y regularmente sostuvieron, conversaciones de grupo acerca de cosas divinas"[2].

Vemos, entonces, que la Biblia nos enseña la importancia del compañerismo espiritual y que la historia de la iglesia lo reafirma. Pero ¿cómo podemos hacerlo? ¿Cómo podemos tener ese tipo de comunión espiritual de la cual nos enseña la Biblia?

Primero, el compañerismo espiritual unos con otros presupone compañerismo con Dios. Si no estamos teniendo comunión con Dios y aprendiendo de él, no tendremos nada que compartir con otros. Además, si no estamos aprendiendo directamente de Dios, no estaremos lo suficientemente alerta para aprender de otros. No podremos escuchar.

Packer dice: "El compañerismo con Dios, entonces, es el origen de donde el compañerismo entre los cristianos es posible"[3]. El compañerismo con Dios es la base al igual que el objetivo de nuestro compañerismo unos con otros.

Segundo, el compañerismo espiritual incluye responsabilidad y compromiso mutuos. Debemos comprometernos en ser fieles en reunirnos, ser honestos y abrirnos el uno con el otro, y mantener todo lo que compartimos en confidencia. Debemos asumir la responsabilidad de animar, amonestar y orar el uno por el otro. El compañerismo espi-

SEGUNDA SECCIÓN: LOS RECURSOS DEL CRECIMIENTO ESPIRITUAL

ritual significa que debemos "cuidarnos" el uno al otro, sintiendo una responsabilidad mutua por el bienestar del otro. Esto no significa que transferimos la responsabilidad de nuestro andar cristiano a otra persona o que asumimos su responsabilidad, sino que nos ayudamos por medio del ánimo y la disponibilidad mutua.

Este alto nivel de compromiso normalmente se logra con sólo una o unas pocas personas seleccionadas. Tal profundidad de relación simplemente no puede mantenerse con cada cristiano, ni tampoco Dios pretende que sea así. Aunque objetivamente estamos en compañerismo con cada creyente a través del mundo, en nuestra experiencia personal subjetiva, tal tipo de compañerismo puede mantenerse sólo con algunos. Debemos buscar a Dios para que nos guíe a esas personas especiales con quienes podemos desarrollar tal compromiso y sentido de responsabilidad.

Al aceptar el hecho de que el compañerismo espiritual de unos con otros implica un compañerismo personal con Dios y un compromiso mutuo el uno con el otro, podemos entonces ver algunas sugerencias prácticas, y algunas actividades específicas que nos ayudarán a experimentar el compañerismo vital entre unos y otros.

## COMPARTIENDO LA VERDAD BÍBLICA

Primero, debemos compartir la verdad de la Escritura el uno con el otro. El compañerismo espiritual siempre debe estar centrado alrededor de las enseñanzas de la Biblia. El apóstol Juan hizo que la verdad con respecto a Jesucristo fuera la base de su llamado al compañerismo (ver 1 Juan 1:1-3). Ya he mencionado el efecto de sinergia que ocurre cuando dos o más creyentes comparten juntos lo que Dios les está enseñando.

El salmista le dijo a Dios: "Con mis labios he proclamado todos los juicios que has emitido" (Salmos 119:13). Les declaró a otros lo que Dios le estaba enseñando. A través de este ejercicio, no sólo edificó a otros sino que también fortaleció su propia comprensión de la verdad de Dios. Hay un viejo proverbio que dice: "Las palabras se desenredan al pasar por los labios o por las puntas de los lápices". Aprendemos al compartir nuestros pensamientos con otros, porque estamos forzados a organizar y a desarrollar nuestras ideas.

Algunos cristianos se sienten amenazados por esta clase de compañerismo. Sienten que no tienen nada que compartir. Están aterrorizados por la pregunta: "¿Qué te ha enseñado Dios recientemente?". Una manera práctica de superar este temor de compartir es anotar diariamente la verdad más importante que recibimos de nuestra lectura bíblica ese día. Quizá quiera escribir una frase o un párrafo, dependiendo de la profundidad del pensamiento acerca de esa verdad particular. Luego comprométase a reunirse semanalmente con una amiga o amigo cristiano comprensivo, quizá alguien quien comparte el temor de usted de tener que compartir públicamente, y compartan entre ustedes lo que han aprendido de la Escritura esa semana.

Otra manera de empezar a compartir con alguien es memorizando juntos la Escritura. Es decir que, aunque tienen que ocuparse individualmente de memorizar los versículos, pueden reunirse una vez por semana para repetírselos el uno al otro y compartir lo que Dios les ha enseñado de esos versículos. Al hacer esto regularmente, se sentirá el efecto de la ayuda mutua descrita en Proverbios 27:17. Sea que venga de leer, de estudiar o de memorizar la Biblia, el compartir la verdad bíblica el uno con el otro debe hacerse de manera que la haga pertinente a la vida diaria. No es suficiente contarle a alguien algo grande que descubrió en las Escrituras. ¿Qué significa en una manera práctica ese descubrimiento? ¿Cómo ha crecido usted a través de él? ¿Cómo lo ha aplicado o cómo piensa aplicarlo? Es la aplicación de la Escritura, no sólo el conocimiento académico, lo que la hace fructífera en nuestra vida.

Aquellos que han aprendido a compartir fácilmente con otros lo que están aprendiendo de Dios, enfrentan el peligro de no escuchar lo que otro cristiano está diciendo. Muy a menudo, estamos tan ansiosos de compartir lo que hemos aprendido que fallamos en escuchar lo que Dios nos está diciendo a través de otro creyente. En este caso, no estamos realmente interesados en el compañerismo sino en exhibir nuestro propio conocimiento de la Escritura. Es como estar jugando a decir: "yo conozco más que los demás sobre asuntos espirituales". Para aquellos que tienen esta tentación, sería bueno que recordaran las palabras de Jesús cuando oró: "Te alabo, Padre... porque habiendo escondido estas cosas de los sabios e instruidos, se las has revelado a los que son como niños" (Lucas 10:21). Dios muy bien pudiera tener algo que decirnos a través de alguien que tartamudea y tiene problemas del habla.

## SINCERIDAD MUTUA

El compañerismo espiritual, sin embargo, va mucho más allá del compartir mutuamente las verdades de la Escritura. También implica el compartir nuestros pecados, fracasos y desalientos, al igual que nues-

tras bendiciones y nuestros gozos. Y a través de todo nuestro compañerismo espiritual necesitamos mantener una postura de exhortación
mutua, de ánimo y de oración. Santiago nos dijo: "Confiésense unos a
otros sus pecados, y oren unos por otros, para que sean sanados" (Santiago 5:16).

Para muchos de nosotros, este aspecto del compañerismo nos
resulta amenazante. Vacilamos en exponer nuestros pecados, o aun
nuestras dudas y desalientos. Nuestro problema, por supuesto, es el
orgullo; el temor de lo que la otra persona pueda pensar de nosotros si
sabe que hemos pecado. Nos olvidamos de lo que Pablo nos dice: "Ustedes no han sufrido ninguna tentación que no sea común al género
humano" (1 Corintios 10:13). Seguramente, la persona con la cual
usted está buscando tener compañerismo está luchando con la misma
tentación, o por lo menos con otra por la cual está también avergonza-
do o avergonzada.

No podemos animarnos, motivarnos, u orar unos por otros si no
conocemos las luchas que la otra persona está enfrentando. ¿Recuerdan
lo que Packer dijo acerca de los puritanos? Le pidieron a Dios por una
amistad con quien pudieran compartir absolutamente todo. Necesitamos pedirle a Dios por esa clase de amigo o amiga. Y luego, cuando
encontremos esa amistad, necesitamos abrir nuestra vida a él o a ella.

## RESPONSABILIDAD MUTUA

El compañerismo espiritual abarca mucho más que la sinceridad de
una persona a otra, también requiere responsabilidad mutua. Las ideas
de amonestarse el uno al otro (Colosenses 3:16) y someterse el uno al

otro (Efesios 5:21) sugieren el concepto de responsabilidad mutua. Responsabilidad mutua es el deseo de ser controlado y, a la vez, desafiado en áreas de la vida en las cuales nos hemos puesto de acuerdo. Por ejemplo, si usted y yo nos hemos comprometido a tener compañerismo espiritual, quizás hemos acordado a ser responsables el uno al otro en ciertas disciplinas: comunión regular con el Padre celestial, estudio bíblico, memorización de la Escritura y meditación. Al reunirnos regularmente, somos responsables uno al otro con respecto a nuestro progreso en esas áreas.

Otra área de responsabilidad mutua es el área de las llamadas debilidades. Estas debilidades pueden deberse a fragilidad en el temperamento (como falta de disciplina en el manejo del tiempo, o falta de dominio propio), o pueden ser por causa de "pecados que nos acosan", esas tentaciones a las cuales somos particularmente vulnerables. Si está luchando con un temperamento débil o una tentación particularmente atractiva, usted necesita estar dispuesto a compartir esos problemas con alguien con quien se sienta unido o unida en el Señor. El pedirle a esa persona que le apoye a través de la oración y el hacerse voluntariamente responsable ante él o ella, le proveerá de gran fortaleza para superar esa debilidad o resistir esa tentación.

## ORANDO JUNTOS

El cuarto ingrediente del compañerismo es la oración con y por la otra persona. Los puritanos no sólo querían a alguien con quien pudieran compartir absolutamente todo; también querían alguien con quien pudieran mantener una relación total y absoluta de compañerismo en oración.

Muy a menudo tenemos necesidades por las cuales orar que no son apropiadas para compartirse en nuestras congregaciones locales o en grupos de estudiantes, o aun en los grupos pequeños de estudio bíblico. Pero podemos compartir estas necesidades con nuestro "amigo especial". Ninguna petición debe parecernos tan insignificante o vergonzosa que no podamos sentir la libertad de mencionarla a un amigo con quien tenemos un compañerismo espiritual íntimo.

Ya he mencionado el doble concepto de compromiso y responsabilidad. Si he hecho un compromiso mutuo y asumido una responsabilidad espiritual para con otra persona, esa responsabilidad no puede ser cumplida sin la dedicación mutua a la oración. Dios obra mayormente en la vida de otra persona como resultado de la oración. Puede que él use lo que yo comparto de la Escritura y mis palabras de amonestación y ánimo, pero lo hace como resultado de mis oraciones. Mi propio estudio de la Escritura, verificado por la experiencia personal, me ha convencido de que la oración es el ministerio más importante que puedo tener en la vida de otro individuo. Así que, si verdaderamente quiero tener un compañerismo espiritual íntimo con otro creyente, debo comprometerme a orar por él o ella.

## REQUISITOS PARA EL COMPAÑERISMO

A medida que usted se convence de la importancia y la necesidad del compañerismo espiritual con otros creyentes en un nivel íntimo y personal, comenzará a preguntarse: "¿Con quién puedo tener ese compañerismo?". Es obvio de lo que hemos considerado acerca del compañerismo mutuo —la apertura para compartir abiertamente, y el deseo de dar y recibir tanto amonestación como ánimo— que usted no va a entrar en este tipo de relación con cualquiera en el cuerpo de Cristo. Hay ciertos requisitos que los dos deben llenar. Las siguientes son algunas cualidades que debe buscar al pedirle a Dios por una amistad especial:

- Un deseo, respaldado por la acción, de crecer en el Señor, tanto en el carácter personal como en el ministerio a los otros.
- Una habilidad de entender e identificarse con sus necesidades, frustraciones y tentaciones, pero en manera objetiva. Necesitamos comprensión, pero no compasión.
- Un deseo de mantener una confidencialidad absoluta para así poder compartir abiertamente lo más íntimo del corazón.
- Un deseo de hacer un compromiso hacia su bienestar espiritual.
- Un reconocimiento maduro de que él o ella no tienen todas las respuestas para la vida de usted; un deseo de agonizar, orar y buscar juntos en la Escritura las respuestas.
- Un deseo de que esa amistad sea honesta con usted, al no permitirle continuar con una actitud o acción negativa sin hacérselo notar.

Aquellos que recién están empezando a crecer en la fe cristiana deben buscar primero este tipo de compañerismo con alguien quien les pueda discipular individualmente. Un compañerismo en un nivel de igualdad puede ayudar a un cristiano nuevo en las áreas de ánimo y oración, pero debe ser acompañado por un ambiente de compañerismo que provea un compromiso fuerte de crecimiento y entendimiento al igual que aplicación a la Escritura. Los cristianos que son más maduros en el Señor de seguro encontrarán su compañerismo espiritual en un nivel de amistad con otros de madurez espiritual similar.

## COMPAÑERISMO EN GRUPOS PEQUEÑOS

Hasta este punto, nuestra discusión del compañerismo espiritual se ha enfocado principalmente en una relación de una persona con otra. Esta, por supuesto, es la unidad más básica de compañerismo espiritual, pero no la única. Otra unidad de compañerismo común es el grupo pequeño. Muchos grupos pequeños se organizan alrededor del estudio bíblico. Otros grupos pequeños son llamados "grupos de apoyo", donde el objetivo es compartir necesidades y orar unos por otros. También, otros grupos se enfocan en la responsabilidad, en ayudarse el uno al otro a mantenerse atentos en diferentes áreas de necesidad. Idealmente, los grupos de compañerismo deben tratar de incorporar todos estos aspectos: el estudio bíblico, el compartir las necesidades, la responsabilidad y el orar unos por otros.

Ya me he referido al efecto de sinergia de dos personas compartiendo juntos lo que han aprendido de la Escritura. En un grupo pequeño, esto puede ser multiplicado grandemente al aparecer más ideas en un pasaje. Esto asume, por supuesto, que cada miembro del grupo está dependiendo del Espíritu Santo para abrir su entendimiento. Ciertamente, no vamos a descubrir verdaderas revelaciones en la Escritura fuera del ministerio del Espíritu Santo, sin importar cómo nos estimulemos unos a otros en nuestros pensamientos.

Hay una gran cantidad de material acerca de los grupos pequeños, así que no es el propósito de este libro instruir detalladamente acerca de este tema. Sin embargo, mi propia experiencia me obliga a incluir una palabra de precaución: Debe tomarse gran cuidado para asegurarse de que los grupos pequeños puedan lograr el objetivo de compañerismo espiritual; esto es, de reforzar mutuamente nuestra relación con Dios. Los peligros del orgullo espiritual a través del conocimiento que hemos cosechado en nuestro estudio bíblico y de creer que lo sabemos todo son más fuertes en un grupo pequeño que en la relación de una persona a otra. Hay también el peligro de compartir en un nivel estrictamente intelectual en vez de en un nivel más profundo del corazón, donde la Palabra de Dios sea aplicable a nuestra vida diaria.

El compañerismo espiritual se hace más y más difícil cuando el grupo se hace más grande. Hay, obviamente, menos intimidad y consecuentemente menos libertad para compartir con otros lo que realmente está pasando en nuestra vida. Hay un viejo proverbio puritano que ve la importancia de buscar mantener el compañerismo con sólo pocos en esta manera: "Tengan comunión con pocos, tengan intimidad con *uno*. Traten justamente a todos, no hablen mal de ninguno".

Los puritanos santos, quienes cambiaron la cara de la historia inglesa en medio de dificultades fuera de lo común, se dieron cuenta de la importancia genuina del compañerismo espiritual, como el mencionado por el autor de Hebreos. La mayor parte de la era puritana se caracterizó por la persecución de los ministros fieles y su expulsión de sus iglesias. A menudo, ministraron a sus ovejas en los bosques afuera de sus pueblos para así evitar el acoso de sus enemigos. Fue vitalmente necesario en esos tiempos difíciles que se animaran y apoyaran el uno al otro. El compañerismo para ellos no era un lujo, era una necesidad urgente.

Necesitamos considerar cuidadosamente, entonces, sus consejos acerca del *tamaño* del compañerismo. Ellos se dieron cuenta de que, para que el compañerismo tuviera profundidad en su significado, debía estar limitado en su tamaño; compañerismo con pocos, intimidad con uno. El compañerismo más allá de pocas personas tiende a tomar características superficiales, lleva a no más que relaciones sociales cristianas que han sido catalogadas erróneamente como compañerismo. Quizá necesitamos tomar más literalmente el pequeño número indicado por Jesús en ese pasaje bien conocido: "Donde dos o tres se reúnen en mi nombre, allí estoy yo en medio de ellos" (Mateo 18:20). Por supuesto, no es que Cristo esté ausente de nosotros en nuestras asambleas grandes. Sin embargo, él sí enfatiza particularmente en este versículo la importancia de los grupos de comunión pequeños.

## EL DELEITE DE DIOS EN EL COMPAÑERISMO

Al final del Antiguo Testamento podemos ver un poco el corazón de Dios y el valor que él le da al compañerismo espiritual entre los creyentes. El lugar es la nación de Israel en el proceso de ser restaurada a su tierra por el rey de Persia, pero que cae otra vez dentro de una formalidad religiosa corrupta que no obedece ni adora a Dios. De hecho, muchos de los israelitas estaban diciendo que era inútil servir a Dios (ver Malaquías 3:14, 15).

Pero aun en medio de esta declinación espiritual hubo un grupo de quienes temían a Dios y tenían compañerismo entre ellos: "Los que temían al SEÑOR hablaron entre sí, y él los escuchó y les prestó atención. Entonces se escribió en su presencia un libro de memorias de aquellos que temen al SEÑOR y honran su nombre" (Malaquías 3:16). Dos puntos son evidentes en este pasaje profético acerca del compañerismo: (1) los judíos fieles consideraron importante el compañerismo. Sin duda, habían aprendido la necesidad vital de animarse unos a otros en esos días difíciles de regresión nacional. (2) Pero igualmente importante es la indicación clara de que Dios se deleita en el compañerismo de ellos. Él los escuchó en sus momentos de compañerismo, tomó nota de ello, y aun tenía un "libro de memorias" escrito en su presencia acerca de estas personas fieles quienes buscaron animarse y edificarse unos a otros en el temor al Señor.

Obviamente, la mente infinita y eterna de Dios no necesita un libro de memorias para recordarle de los actos amables y llenos de gracia de su gente. La alusión a este libro es para nuestro beneficio, para que podamos ver la importancia que Dios le da al compañerismo espiritual entre su gente y el deleite que esto le trae a su corazón.

Si vamos a crecer espiritualmente, no podemos jugar a "El Llanero Solitario". Debemos incorporar el compañerismo espiritual en nuestra vida cristiana.

# Capítulo 9

# El instrumento
# del evangelio

A L CONSIDERAR varios medios o instrumentos de crecimiento que el Espíritu Santo usa, le sorprenderá que vaya a incluir el evangelio. Podemos entender de antemano el uso de la Escritura, la oración y el compañerismo con otros creyentes. ¿Pero, dónde entra el evangelio? Para contestar esa pregunta, necesitamos ver, una vez más, 2 Corintios 3:18, uno de los versículos clave para el crecimiento cristiano: "Por tanto, todos nosotros, mirando a cara descubierta como en un espejo la gloria del Señor, somos transformados de gloria en gloria en la misma imagen, como por el Espíritu del Señor" (RVA). En este versículo Pablo hace la conexión entre la contemplación que hacemos de la gloria del Señor y nuestra transformación.

¿Qué es la gloria del Señor a la cual Pablo se refiere, y cómo es que al contemplarla somos transformados? Primero, la gloria del Señor denota la presencia de Dios y todo lo que él es en todos sus atributos: su ser infinito, eterno, santo, soberano, bondadoso y mucho más. En otras palabras, Dios es glorioso en todo su ser y en todas sus obras. Sin embargo, en el contexto de 2 Corintios 3:18, Pablo estaba contrastando la gloria de la ley dada por Moisés con la incomparable gloria del evangelio (ver 2 Corintios 3:7-11). Luego, en 2 Corintios 4:4, él habló "del glorioso evangelio de Cristo". Esto significa que la gloria de Cristo es buena nueva, ya que la palabra evangelio significa buenas nuevas.

Esta conexión entre el evangelio y la gloria de Cristo me lleva a creer que Pablo estaba en esta instancia pensando en la gloria de Cristo, especialmente como es revelada en el evangelio. La ley revela la gloria de Dios en su justicia; el evangelio revela la gloria de Dios en su justicia y en su gracia. La muerte de Cristo revela la justicia de Dios en que satisface a la justicia de Dios, pero también revela la gracia de Dios en que fue el medio de salvación para aquellos que merecen sólo la furia eterna.

Parece que Dios desea magnificar su gracia en una manera especial para con nosotros. Pablo escribió en Efesios 2:6, 7:

> Y en unión con Cristo Jesús, Dios nos resucitó y nos hizo sentar con él en las regiones celestiales, para mostrar en los tiempos venideros la incomparable riqueza de su gracia, que por su bondad derramó sobre nosotros en Cristo Jesús.

La frase clave es que Dios puede demostrar la incomparable riqueza de su gracia. Este es el objetivo de Dios en la salvación de los seres humanos caídos: la exaltación de su gracia demostrada en Cristo.

James Fraser (1700-1769), un desconocido pastor escocés, escribió un tratado genial acerca de la santificación que fue reconocido como clásico en su día y se lo reimprimió. Acerca de la gloria del evangelio, él dice:

> Es el evangelio el que exhibe la más alta gloria de Dios, la cual él diseña principalmente para mostrar ante hombres pecadores, aun esa gloria de Dios que brilla en el rostro de Cristo. Es el evangelio que nos trae la gloria de Cristo, y a tra-

vés del cual el mismo Espíritu Santo es glorificado; y es este el que será honrado con la influencia [acompañada] del Espíritu Santo[1].

Esta, entonces, es la gloria que tiene un efecto transformador en nosotros. Es la gloria de Cristo revelada en el evangelio, la buena nueva de que Jesús murió en nuestro lugar como nuestro representante para liberarnos no sólo de la pena del pecado pero también de su dominio. Una comprensión y apropiación clara del evangelio, el cual nos da libertad de la culpa del pecado y de su control, es en las manos del Espíritu Santo el medio principal del crecimiento espiritual.

Hasta el grado en que sentimos que estamos en una relación legal o de conducta con Dios, hasta ese grado nuestro progreso es impedido. Si pensamos en términos de nuestras obras le da al pecado que mora en nosotros una ventaja, porque nada corta más el nervio del deseo de crecer que el sentido de culpabilidad. Por el contrario, nada nos motiva más a desear crecer como el entendimiento y la aplicación de las dos verdades de que nuestros pecados son perdonados y que el dominio del pecado está roto por nuestra unión con Cristo.

En las palabras de Hebreos 9:14: "...la sangre de Cristo..." es la que "...purificará nuestra conciencia de las obras que conducen a la muerte [esto es, de actos pecaminosos], a fin de que sirvamos al Dios viviente!". No podemos servir a Dios o anhelar el crecimiento espiritual con vigor si estamos luchando con una conciencia culpable. Entonces, necesitamos que el evangelio nos recuerde que nuestros pecados son perdonados en Cristo porque "la sangre de su Hijo Jesucristo nos limpia de todo pecado" (1 Juan 1:7).

Nuestra responsabilidad específica al buscar crecer como se ve en 2 Corintios 3:18, entonces, es la de contemplar la gloria del Señor como se muestra en el evangelio. El evangelio es el "espejo" a través del cual vemos su belleza. Un día veremos a Cristo, no como en un espejo, sino cara a cara. Entonces, "seremos semejantes a él, porque lo veremos tal como él es" (1 Juan 3:2). Hasta que eso ocurra, contemplamos a Jesús en el evangelio. Por esta razón, debemos mantener continuamente el evangelio delante de nosotros. Recuerde siempre el primer "sujetalibros" de la justicia de Cristo. El ver la gloria de Cristo en el evangelio es una disciplina. Es un hábito que debemos desarrollar a través de la práctica a medida que aprendemos a lavar nuestras mentes con el evangelio. Ninguno de los medios de crecimiento es más importante que el contemplar la gloria de Cristo en el espejo del evangelio y experimentar el efecto de la limpieza de la conciencia con la sangre de Cristo.

## HEMOS MUERTO AL PECADO

"Pero", alguien podría preguntar, "¿no es que el énfasis continuo del evangelio y el perdón gratuito de nuestros pecados abren la puerta para 'creer fácilmente'; la idea de que ahora que he orado y he sido 'salvado' del castigo eterno, no importa como vivo?". Pablo anticipa tal pregunta en Romanos 6:1. Al responder a su declaración en Romanos 5:20: "Pero allí donde abundó el pecado, sobreabundó la gracia", él mismo alzó esta objeción: "¿Qué concluiremos? ¿Vamos a persistir en el pecado, para que la gracia abunde?". Si somos justificados gratuitamente por la gracia de Dios a través de la obra de Cristo, ¿al pecar más no aumentamos progresivamente la gracia de Dios?

"¡De ninguna manera!", respondió Pablo. "Nosotros, que hemos muerto al pecado, ¿cómo podemos seguir viviendo en él?" (Romanos 6:2). La respuesta de Pablo no es un impaciente "¿Cómo se te ocurre algo así?". En vez, como él demuestra en los siguientes versículos, tal práctica no puede suceder porque ha ocurrido un cambio fundamental en nuestra relación al pecado. La expresión que Pablo usa para este cambio decisivo es: "Hemos muerto al pecado".

Ahora, aquí está la parte difícil. ¿Qué quiere decir Pablo cuando él dice que hemos muerto al pecado? Es obvio que no quiere decir que morimos a cometer pecado diariamente. Si esto fuera cierto, ninguna persona honesta podría reclamar ser justificada, porque todos pecamos diariamente (como vimos en el capítulo 2). Tampoco significa que morimos en el sentido de que ya no somos sensibles a las tentaciones del pecado. Si esto fuera cierto, la amonestación de Pedro de abstenerse de los deseos del pecado (ver 1 Pedro 2:11) no tendría sentido. ¿Entonces, qué quiere decir Pablo?

Los comentaristas evangélicos conservadores generalmente han tomado una de dos posiciones para contestar esta pregunta. Varios dicen que Pablo se refiere exclusivamente a la *culpa* del pecado. Esto es, a través de nuestra unión con Cristo en su muerte, morimos a la culpa del pecado. Esta perspectiva parece ser consistente con la declaración de Pablo en Romanos 7:4 donde dice que a través de Cristo morimos a la ley; no a la ley como expresión de la voluntad moral de Dios sino a la condenación y maldición de la ley. Decir que morimos a la culpa del pecado y a la condenación de la ley trata del mismo tema.

Otros comentaristas dicen que Pablo quiere decir que estamos muertos al *reino* y al *dominio* del pecado en nuestra vida. En otras palabras, porque el pecado no ejercita dominio absoluto sobre nosotros, ya no *podemos* (hablando de habilidad) continuar en pecado como un estilo de vida predominante. Luchamos con el pecado, y pecamos; pero el pecado no es más nuestro dueño. En la opinión de estos comentaristas, esta es la única perspectiva que trata la pregunta de Pablo: "¿Vamos a persistir en el pecado, para que la gracia abunde?" (6:1).

Creo que las dos posiciones deben unirse. *La culpa de nuestro pecado en Adán resultó en que fuéramos entregados al dominio de pecado como una consecuencia penal.* Cuando un juez sentencia a una persona condenada por un crimen a estar cinco años en la prisión, esa sentencia es la consecuencia penal de ese crimen. Esto es análogo a lo que Dios le hizo a Adán y a toda su posteridad. Parte de la consecuencia penal del pecado de Adán fue que debía de ser entregado al dominio o a la cautividad del pecado. Por eso es que David dijo: "Yo sé que soy malo de nacimiento; pecador me concibió mi madre" (Salmos 51:5).

En el caso del prisionero quien ha cumplido sus cinco años, su consecuencia penal termina. El hecho de que rompió la ley ya no se le puede reclamar. En ese sentido, ya ha terminado su relación con la ley y su consecuencia penal. Él debe continuar obedeciendo la ley en el futuro, pero la ofensa particular que lo llevó a la cárcel ya ha sido pagada para siempre. Usando la expresión de Pablo, está muerto a la ley y a su consecuencia penal.

¿Cómo se aplica esto a nosotros? Permítanme hacer una paráfrasis de los comentarios de John Brown, un pastor escocés del siglo diecinueve, teólogo y autor de varios comentarios:

La paga del pecado es la muerte. Hasta que la sentencia condenatoria es ejecutada, la persona es expuesta al pecado, tanto en su poder para condenar como en el poder para depravar [o ejercer dominio]. Pero, dejemos que las consecuencias penales sean absolutamente soportadas, que la pena de la ley sea completamente pagada, y que la persona sea liberada del poder del pecado, y de su influencia dominante y depravante. Es de esta manera que todos los que están en Cristo Jesús, todos los que han sido justificados por su gracia, han muerto, no en su propia persona, pero en la persona de su fiador. Entonces son liberados del dominio del pecado, de su poder de condenar, como también de su poder de reinar en el corazón y en la vida[2].

## CONSIDÉRENSE MUERTOS AL PECADO

Entonces, estamos libres tanto de la culpa como del poder o dominio reinante del pecado en nuestra vida. ¿De qué nos sirve esta información? ¿Cómo nos puede ayudar cuando estamos luchando con algún patrón de pecado persistente y cuando vemos que, muchas veces, cedemos a nuestros deseos pecaminosos? Aquí es donde las instrucciones de Pablo en Romanos 6:11 nos pueden ayudar: "De la misma manera, también ustedes considérense muertos al pecado, pero vivos para Dios en Cristo Jesús".

Es importante que entendamos el punto de vista de Pablo porque no nos está diciendo que *hagamos* algo sino que creamos algo. Debemos estar seguros, o creer, que estamos muertos al pecado. Primeramente, estamos muertos a su culpa. Dios ya no lo cuenta en contra nuestra. No estamos más bajo condenación por el pecado (ver Romanos 4:8; 8:1).

Esto no es imaginación. Por cierto, usted es culpable, pero Dios no lo ve como culpable porque la culpa de su pecado ya ha sido cargada por Cristo como su sustituto. La sentencia ya se cumplió. La culpa ya se pagó. Usando la expresión de Pablo, usted ha muerto a la pena del pecado.

William Romaine (nacido en 1714) fue uno de los líderes del reavivamiento en Inglaterra en el siglo dieciocho, junto con George Whitefield y los hermanos Wesley. En su clásica obra acerca de la fe, escribió:

> Ningún pecado puede ser crucificado en el corazón o en la vida, a menos que primero haya sido perdonado en la conciencia, porque habrá deseo de fe para recibir la fortaleza de Jesús, el único que puede crucificar al pecado. Si no es mortificado en su culpa, no puede ser dominado en su poder[3].

Lo que Romaine estaba diciendo es que si usted no cree que está muerto a la culpa del pecado, no podrá confiar en que Cristo le dará la fortaleza para dominar el poder del pecado en su vida. Así que el lugar donde debe empezar a luchar contra el pecado en su vida es estar seguro de que usted murió a la culpa del pecado a través de su unión con Cristo en su muerte. Esta es una verdad muy importante en la que usted debe reflexionar y orar hasta que el Espíritu Santo lo convenza de ello tanto en su mente como en su corazón.

## NO PERMITAMOS QUE EL PECADO REINE

Hemos, sin embargo, muerto no sólo a la culpa del pecado, sino también a su poder dominante en nuestra vida. Aquí el pecado es visto como un principio activo que busca dominarnos. Como una analogía para ayudarnos a entenderlo, la voluntad de vivir es un principio activo dentro de nosotros. Con pocas excepciones, ese principio siempre se afirma cuando enfrentamos una situación que hace peligrar nuestra vida. Instintivamente, luchamos para salvar nuestra vida.

Ahora, aunque el pecado como un principio activo está todavía dentro de nosotros, ya no puede reinar supremamente en nuestra vida. Estamos unidos a Cristo, y su Espíritu Santo ha venido a residir dentro de nosotros. Hemos sido liberados del poder de Satanás y se nos ha dado un nuevo corazón (ver Ezequiel 36:26; Hechos 26:18). Sin embargo, como creyentes sentimos la tensión que Pablo describe en Gálatas 5:17: "Porque ésta desea lo que es contrario al Espíritu, y el Espíritu desea lo que es contrario a ella. Los dos se oponen entre sí, de modo que ustedes no pueden hacer lo que quieren".

George Smeaton describe la tensión de esta manera:

> Hay un conflicto interno entre el cuerpo y el espíritu, entre la antigua y la nueva naturaleza. Y lo extraño es que en este conflicto, el poder y las facultades del cristiano parecen estar ocupadas en un momento por una, y en otro momento por la otra. El mismo intelecto, voluntad y sentimientos vienen bajo diferentes influencias, como dos ejércitos en conflicto que ocupan el mismo lugar, y que en turnos se van del campo[4].

Otra manera de describir esta tensión entre la naturaleza pecaminosa y el Espíritu es asemejarlo a un juego de tirar de la cuerda. Con dos equipos opuestos jalando de la cuerda, la dirección del movimiento con frecuencia viene y va hasta que un equipo finalmente prevalece. De esta manera será con nosotros, hasta que el Espíritu Santo finalmente prevalezca.

Debemos reconocer esta tensión si vamos a progresar en la vida cristiana. El pecado que vive dentro de nosotros es como una enfermedad de la cual no podemos sanar hasta reconocer su presencia. Pero en el caso de pecado, debemos también tener en cuenta que, aunque todavía reside en nosotros, no tiene dominio sobre nosotros. Como Pablo dijo: "Así el pecado no tendrá dominio sobre ustedes, porque ya no están bajo la ley sino bajo la gracia" (Romanos 6:14).

Por eso, porque tenemos la convicción de que el pecado no será nuestro dueño, no debemos dejarle reinar en nuestro cuerpo mortal y así obedecer sus malos deseos (ver Romanos 6:12). Al contrario, por el poder que nos da el Espíritu Santo debemos dar muerte a los malos hábitos del cuerpo: "Porque si ustedes viven conforme a ella, morirán; pero si por medio del Espíritu dan muerte a los malos hábitos del cuerpo, vivirán" (Romanos 8:13), y: "…que se aparten de los deseos pecaminosos que combaten contra la vida" (1 Pedro 2:11). Ciertamente, somos llamados a una guerra activa y vigorosa contra el principio del pecado que aún permanece en nosotros.

## EL PODER DE CRISTO, NO EL NUESTRO

Sin embargo, no debemos llevar a cabo esta guerra con la fuerza de nuestra voluntad propia. En su lugar, como ya hemos visto en el capítulo 7, debemos verle a Cristo por la fe para recibir el poder que nos capacita para vivir la vida cristiana. Nosotros los creyentes estamos unidos espiritualmente a Cristo de tal manera que nuestra vida espiritual y el poder de vivir esa vida provienen de él. Sin embargo, no somos completamente pasivos en esta relación, sino que debemos permanecer en él por fe. Esto significa que debemos confiar *activamente* en Cristo para recibir el poder que necesitamos para luchar contra el pecado que permanece en nosotros, para vestirnos con las virtudes positivas semejantes a las de Cristo (llamadas el *fruto del Espíritu* en Gálatas 5:22, 23), y para servir efectivamente a Cristo en todo lo que él nos llama a hacer.

## SANTIFICACIÓN PROGRESIVA

La lucha que enfrentamos contra el pecado que permanece en nosotros, y el vestirnos de las características del carácter de Cristo se llama usualmente *santificación*. Sin embargo, es de más ayuda hablar del crecimiento cristiano como una *santificación progresiva*. La palabra *progresiva* indica crecimiento o cambio positivo. Volviendo a la analogía del juego de tirar la cuerda, asume que, aunque la cuerda se mueva de un lado al otro, al tiempo se moverá en la dirección correcta y finalmente ganamos la lucha contra el pecado al final de nuestra vida.

No hay duda de que la cuerda debe moverse en la dirección correcta. Sin embargo, siempre podemos esperar resistencia. Continuando con la analogía, aunque el Espíritu que mora en nosotros es más fuerte que la naturaleza pecaminosa, esa naturaleza continúa "metiéndonos el pie" para hacernos tropezar en cada paso del camino. Y, a veces, jalará la cuerda en la dirección equivocada.

¿Qué es lo que continuará animándonos frente a este conflicto interno? La respuesta es: el evangelio. Es la convicción en el evangelio de que hemos muerto a la culpa del pecado —que no hay condenación para nosotros quienes estamos en Cristo Jesús, que el Señor nunca tomará en cuenta nuestros pecados contra nosotros, y que somos verdaderamente libres del poder dominante del pecado— lo que nos motivará y nos ayudará a continuar aun en medio de la tensión entre el Espíritu y nuestra naturaleza pecaminosa.

Pablo dijo: "El amor de Cristo nos impulsa" (2 Corintios 5:14, RVA). Estar impulsados es estar grandemente motivados. Debemos estar motivados por el amor que Cristo tiene por nosotros. Y ¿dónde aprendemos de su amor? ¿Dónde lo escuchamos decir: "te amo?". Es en el evangelio. El evangelio, que hemos recibido en nuestros corazones al ser salvos, no sólo nos libera de la culpa del pecado sino también del poder dominante del pecado. Y el evangelio creído y vivido cada día es la única motivación duradera para continuar en nuestra lucha contra el pecado. Esta es la razón por la que siempre necesitamos mantener el evangelio delante de nosotros.

# LAS MARCAS

# DEL

# CRECIMIENTO

# ESPIRITUAL

# CAPÍTULO 10

# BUSCANDO LA SANTIDAD

HASTA ESTE PUNTO, hemos estado considerando la *importancia* del crecimiento espiritual y el *medio* por el cual hay crecimiento. Ahora veremos algunas de las *marcas* o características de un cristiano que crece. No hay duda de que hay muchas marcas identificables, pero en este libro veremos cinco que son fundamentales a todas las demás.

Una de las primeras marcas identificables de un cristiano creciente es la *búsqueda de la santidad*. Dios ha llamado a cada cristiano a una vida santa. No hay excepciones a este llamado. No es sólo un llamado a pastores, misioneros y a unos pocos dedicados maestros y maestras de la Escuela Dominical. Cada cristiano, rico o pobre, sabio o inculto, con influencia o desconocido, es llamado o llamada a ser santo. El político poderoso y el estudiante que lucha, el profesional adinerado y el vendedor de zapatos, todos por igual son llamados y llamadas a ser santos.

Este llamado a la santidad está basado en el hecho de que Dios mismo es santo. Pedro escribió: "Más bien, sean ustedes santos en todo lo que hagan, como también es santo quien los llamó; pues está escrito: 'Sean santos, porque yo soy santo' " (1 Pedro 1:15, 16). Porque Dios es santo, él requiere que seamos santos.

¿Qué es la santidad? ¿Es el obedecer muchas reglas o llevar cierto estilo de ropa? Como la Escritura mencionada sugiere, santidad es estar en conformidad con el carácter de Dios. Dios nos ha llamado a ser como él.

El significado básico de santo es *separado*. Cuando se usa para referirse a Dios, denota, antes que todo, que Dios como creador está separado de y sobre todas sus criaturas. Él es el Creador; nosotros somos sus criaturas. Aunque Dios nos creó a su imagen, somos aún dependientes de él, mientras que él es completamente independiente y está infinitamente sobre nosotros. La expresión *majestad trascendente* describe mejor este aspecto de la santidad de Dios. Obviamente, no podemos ser como Dios en este sentido.

Sin embargo, Dios está separado no sólo de su creación sino especialmente del pecado. Llamamos a este aspecto de la santidad de Dios su pureza moral. Dios no puede tener nada que ver con el pecado. No puede ser tentado a pecar, ni excusa o pasa por alto ningún pecado que cometemos, no importa lo pequeño que este sea. De hecho, la Biblia dice que Dios odia el pecado (ver Zacarías 8:17 y Hebreos 1:9). En este sentido somos llamados a ser santos como él es santo.

Cuando Dios nos llama a ser santos, nos llama a separarnos del pecado. Pablo les escribió a los corintos: *"Purifiquémonos* de todo lo que contamina el cuerpo y el espíritu, para completar en el temor de Dios la obra de nuestra santificación". El autor de Hebreos nos exhorta: "...*despojémonos* del lastre que nos estorba, en especial del pecado que nos asedia...". Y Pedro nos urge: "...que *se aparten* de los deseos pecaminosos que combaten contra [nuestra] la vida (2 Corintios 7:1; Hebreos 12:1; 1 Pedro 2:11, énfasis agregado). *Purifiquémonos, despojé-*

*monos* y *apartémonos* son todas expresiones que denotan lo que significa separarse del pecado.

El apóstol Juan escribió:

> No amen al mundo ni nada de lo que hay en él. Si alguien ama al mundo, no tiene el amor del Padre. Porque nada de lo que hay en el mundo —los malos deseos del cuerpo, la codicia de los ojos y la arrogancia de la vida— proviene del Padre sino del mundo (1 Juan 2:15, 16).

Una vez más, vemos un fuerte estímulo para separarnos del pecado, del cual Juan expresa: "No amen al mundo ni nada de lo que hay en él". Buscar la santidad es tomar una acción agresiva para separarnos del pecado dentro de nosotros —orgullo, envidia, un espíritu criticón y sentencioso, irritabilidad, impaciencia, lascivia sexual y más— y también a tomar pasos para separarnos de las tentaciones que invaden la sociedad a nuestro alrededor.

Esto no significa que debemos separarnos socialmente del mundo pero sí de la influencia pecaminosa del mundo. Debemos estar en el mundo pero no ser dominados por el mundo. Como Pablo escribió: "los que disfrutan de las cosas de este mundo, como si no disfrutaran de ellas…" (1 Corintios 7:31).

¿Cómo, entonces, buscamos la santidad? Realmente, todo lo que he escrito hasta este punto es relevante. La base del evangelio, el papel del Espíritu Santo, la renovación de nuestra mente a través de la Palabra de Dios, la aplicación de la Escritura a nuestra vida diaria, un espíritu dependiente expresado a través de la oración y la ayuda mutua de amistades creyentes, todo tiene su lugar en la búsqueda de la santidad.

Como la búsqueda de la santidad incluye, sin embargo, un esfuerzo vigoroso para separarnos del pecado tanto de dentro como de afuera, hay una área más que debemos explorar; es el área de nuestras decisiones diarias. La vida es una serie constante de decisiones, desde el momento en que nos levantamos en la mañana hasta que vamos a la cama en la noche. Muchas de estas decisiones tienen consecuencias morales. Por ejemplo, la ruta que escogemos para manejar hacia el trabajo cada mañana quizá no es moralmente significativa, pero los pensamientos que decidimos pensar cuando estamos manejando y la manera en que escogemos manejar, estas sí son decisiones morales.

La búsqueda de la santidad incluye una serie constante de estas decisiones. En cada situación nosotros escogemos cuál dirección tomar, hacia el pecado o hacia la santidad. Es a través de estas decisiones que desarrollamos hábitos semejantes a los de Cristo para nuestra vida. Los hábitos se desarrollan por repetición, y es en el campo de las decisiones morales que desarrollamos patrones de hábitos espirituales.

Vemos este desarrollo de hábitos morales en una dirección u otra en Romanos 6:19: "Antes ofrecían ustedes los miembros de su cuerpo para servir a la impureza, que lleva más y más a la maldad; ofrézcanlos ahora para servir a la justicia que lleva a la santidad". Los creyentes en Roma habían ofrecido anteriormente partes de sus cuerpos a la impureza y a una maldad creciente. Cuanto más pecaban, más estaban inclinados a pecar. Estaban continuamente hundiéndose en los patrones habituales del pecado simplemente a través de la práctica de hacer decisiones pecaminosas. Pablo les exhortó a tomar decisiones *correctas*, las cuales al pasar el tiempo los llevaría a tener un carácter *santo*.

Lo que era cierto para los romanos, puede ser igual de cierto para nosotros hoy en día. El pecado nubla nuestro razonamiento, oscurece nuestra conciencia, estimula nuestros deseos pecaminosos, y debilita nuestra voluntad propia. Por esto, cada pecado que cometemos refuerza el hábito de pecar y hace más fácil ceder a esa tentación la próxima vez. Por otro lado, tomar buenas decisiones tiende a fortalecer nuestra resolución contra el pecado. Esta es la razón por la cual las buenas decisiones son muy importantes.

## EJERCÍTATE EN LA DIRECCIÓN CORRECTA

En 1 Timoteo 4:7, Pablo exhortó a Timoteo: "Ejercítate en la piedad". La palabra *ejercítate* que Pablo usa está sacada del mundo deportivo; se usaba para describir la actividad de entrenamiento de los jóvenes al prepararse para competir en los juegos atléticos de aquellos días. De la misma manera que aquellos atletas se preparaban físicamente para competir en los juegos, así Pablo quería que Timoteo y ahora nosotros nos entrenemos espiritualmente para ser piadosos. Aunque la piedad es un concepto mucho más amplio que la santidad (ver capítulo 11), la santidad forma la mayor parte de una vida piadosa; entonces, ejercitarnos para ser piadosos ciertamente incluye ejercitarnos en la santidad.

Sin embargo, el punto importante es que nos entrenemos a través del ejercicio. De hecho, la *Reina Valera-Actualizada* traduce esta frase como: "ejercítate para la piedad". ¿Y, cómo nos ejercitamos en el terreno espiritual? A través de las decisiones que tomamos.

¿Qué pasa cuando tomamos decisiones equivocadas, cuando

escogemos el pecado en vez de obedecer la Palabra de Dios? Nos entrenamos en la dirección incorrecta. Reforzamos los hábitos pecaminosos que hemos desarrollado y les permitimos que tomen más fuerza en nuestra alma.

Considere 2 Pedro 2:14: "Tienen los ojos llenos de adulterio y son insaciables en el pecar; seducen a las personas inconstantes; son expertos en la avaricia, ¡hijos de maldición!". Esto es parte de la descripción que el apóstol Pedro hace de los falsos maestros, y en el versículo 14 estamos en el centro de esto. La frase clave en el versículo 14 para nuestro propósito actual es: "son expertos en la avaricia". La *Reina Valera Actualizada* dice: "Tienen el corazón ejercitado para la avaricia". La palabra *ejercitar* es el mismo verbo que Pablo usa cuando escribe: "ejercítate en la piedad". Pedro dijo que los maestros falsos se *ejercitaban* en la avaricia. Se entrenaban hasta el punto que, en la expresión pintoresca pero precisa de la *Nueva Versión Internacional,* se habían convertido en "expertos en la avaricia".

Estos maestros falsos llegaron a ser expertos pero en la dirección equivocada. En vez de llegar a ser expertos en generosidad y sacrificio propio, llegaron a ser expertos en avaricia. En vez de entrenarse para ser piadosos, se entrenaron para ser avaros. La palabra "entrenar" en la *Nueva Versión Internacional* puede ser traducida correctamente como "disciplina". Entonces, estos maestros falsos fueron disciplinados, pero en la dirección equivocada.

El mensaje implícito en 2 Pedro 2:14 es impactante. Es posible disciplinarnos en la dirección equivocada. Generalmente, pensamos de personas disciplinadas como aquellos que lo tienen todo como debe ser y hacen las cosas que deben hacer cuando deben hacerlas. Pero la verdad es que todos somos disciplinados hasta cierto punto. La pregunta es: *¿En qué dirección estamos disciplinándonos?* Todos los días en diferentes áreas de la vida, nos estamos disciplinando en una dirección u otra a través de las decisiones que tomamos.

## LA DISCIPLINA DE LA MORTIFICACIÓN

Tomar las decisiones correctas de obedecer a Dios en vez de obedecer a los deseos de nuestra naturaleza pecaminosa abarca la disciplina de la mortificación. Mortificación es una palabra arcaica que ya hemos casi dejado de usar, pero es una que necesitamos resucitar. Mortificar significa negar nuestros deseos pecaminosos o, en palabras de nuestras traducciones bíblicas modernas, "dar muerte" a esos deseos pecaminosos.

En Romanos 8:13, el apóstol Pablo dijo: "Porque si ustedes viven conforme a ella, morirán; pero si por medio del Espíritu dan muerte a los malos hábitos del cuerpo, vivirán". Los malos hábitos del cuerpo son los actos pecaminosos que cometemos en pensamiento, palabra o acción. Pablo fue más explícito acerca de estos malos hábitos en Colosenses 3:5: "Por tanto, hagan morir todo lo que es propio de la naturaleza terrenal: inmoralidad sexual, impureza, bajas pasiones, malos deseos y avaricia, la cual es idolatría". Esta lista de actos pecaminosos no está completa, pero es sólo una lista típica de las expresiones de pecado que Pablo tenía en mente cuando habló de darles muerte. Si vamos a buscar la santidad, es decir, dar pasos para separarnos del pecado, debemos mortificar los deseos pecaminosos.

## CÓMO DARLE MUERTE AL PECADO

¿Cómo, entonces, mortificamos o le damos muerte a los malos hábitos —las expresiones pecaminosas— del cuerpo? Primeramente, Pablo no dijo que debemos mortificar el pecado que habita en nuestro interior, sino que más bien habló de *pecados*, que son las diferentes expresiones del pecado que habita dentro de nosotros. No podemos eliminar el pecado que habita dentro de nosotros en esta vida. Ese estará con nosotros hasta el día en que muramos. Más bien, debemos mortificar los patrones específicos del pecado, los cuales son expresiones del pecado que habita dentro de nosotros.

Mortificar un pecado significa *dominarlo, privarlo de su poder,* romper el patrón del hábito que hemos desarrollado de ceder continuamente a la tentación de ese pecado particular. La *meta* de la mortificación es *debilitar los hábitos del pecado* para así poder tomar buenas decisiones.

Primero, entonces, la mortificación involucra tratar con todo pecado conocido en nuestra vida. Sin el propósito de obedecer a toda la Palabra de Dios, todo intento aislado de mortificar un pecado en particular no es de ningún beneficio. Es esencial una actitud de obediencia *universal* en cada área de la vida. Como Pablo escribió a los corintos: "Purifiquémonos de *todo* lo que contamina el cuerpo y el espíritu" (2 Corintios 7:1, énfasis agregado). No podemos, por ejemplo, mortificar corazones impuros si no estamos dispuestos a también darle muerte al resentimiento. No podemos mortificar un temperamento ardiente si no estamos dispuestos a también dar muerte al orgullo que tan a menudo está debajo de él. El odiar un pecado específico no es suficiente. Debemos odiar todo pecado por lo que realmente es: una expresión de rebelión contra Dios.

Segundo, no sólo debe haber una lucha universal contra el pecado; debe también haber una lucha constante en contra del pecado. Continuamente debemos darle muerte al pecado, todos los días, porque vemos cómo la carne quiere imponerse en diferentes maneras en nuestra vida. Ningún creyente, sin importar cuán maduro sea espiritualmente, llega más allá de la necesidad de mortificar los actos pecaminosos del cuerpo. Debemos hacer que nuestra prioridad para toda nuestra vida sea mortificar el pecado que tan fácilmente nos enreda.

Tercero, para mortificar el pecado debemos enfocarnos en su verdadera naturaleza. A menudo estamos molestos por un pecado persistente sólo porque perturba nuestra paz y nos hace sentir culpables. Necesitamos enfocarnos en que es un acto de rebelión contra Dios. Nuestra rebelión es por supuesto contra la autoridad soberana de Dios. Pero también es una rebelión contra nuestro Padre celestial quien nos amó y mandó a su hijo a morir por nosotros. Dios nuestro Padre está afligido por nuestros pecados. Génesis nos dice que "Al ver el Señor que la maldad del ser humano en la tierra era muy grande... se arrepintió de haber hecho al ser humano en la tierra, y le dolió el corazón" (Génesis 6:5, 6). Su pecado y mi pecado no son sólo actos de rebelión; son actos que afligen a Dios. Y, sin embargo, mandó a su Hijo a morir por aquellos cuyos pecados le llenaron de dolor.

## MORTIFIQUE SUS DESEOS PECAMINOSOS

Debemos entender que al darle muerte al pecado estamos diciendo no a nuestros propios deseos. El pecado casi siempre nos atrae a través de nuestros deseos o lo que los escritores de antaño llaman nuestros afectos. No todos los *deseos,* por supuesto, son pecaminosos. Podemos desear conocer a Dios, obedecerle y servirle. Hay muchos deseos buenos y positivos.

La Escritura, sin embargo, habla de deseos engañosos (ver Efesios 4:22), deseos malos (ver Santiago 1:14; 1 Pedro 1:14) y deseos pecaminosos (ver 1 Pedro 2:11). Es el deseo malo el que hace que pequemos. Todo pecado es deseado —o quizá los beneficios percibidos del pecado son deseados— antes de llevarlo a cabo. Satanás y todas las demás fuentes de la tentación nos atraen en primer lugar a través de nuestros deseos. Eva vio "que el fruto del árbol era bueno para comer, y que tenía buen aspecto y era deseable para adquirir sabiduría" (Génesis 3:6). Noten como el concepto del deseo está implícito en "bueno para comer" y "que tenía buen aspecto", al igual que explícitamente mencionado en "deseable para adquirir sabiduría".

La mortificación entonces envuelve una lucha entre lo que *sabemos* que es correcto (nuestras convicciones) y lo que *deseamos hacer.* Esta es la lucha representada por el apóstol Pablo cuando escribió: "Porque ésta desea lo que es contrario al Espíritu, y el Espíritu desea lo que es contrario a ella. Los dos se oponen entre sí, de modo que ustedes no pueden hacer lo que quieren" (Gálatas 5:17). El hombre que ha desarrollado un hábito de ojos indisciplinados y errantes, luchará entre una convicción pura y el deseo de complacerse al mirar con lujuria. Cualquiera que sean nuestras áreas particulares de vulnerabilidad al pecado, la mortificación incluirá lucha —quizá luchas intensas— en esas áreas.

La lucha incesante está sugerida en Proverbios 27:20: "El sepulcro, la muerte y los ojos del hombre jamás se dan por satisfechos".

Nuestros ojos, por supuesto, son a menudo la entrada a nuestros deseos. Pero aunque lo atractivo de nuestros deseos viene a través del ojo u otra vía tal como la memoria, nuestros deseos nunca se satisfacen. Pero son estos deseos pecaminosos los que deben ser mortificados, dominados y debilitados en su poder para incitarnos al pecado.

Siempre es emocionalmente doloroso decir no a estos deseos, especialmente cuando representan patrones de pecado que se repiten, porque estos deseos están bien arraigados dentro de nosotros. Nos llaman para que los satisfagamos. Por esto Pablo usa lenguaje tan fuerte como "dar muerte". Pero si vamos a crecer en el área de buscar santidad, debemos aprender a mortificar nuestros deseos pecaminosos.

No podemos hacer esto con la fuerza de nuestra propia voluntad, o bajo la ilusión de que la mortificación nos hace más aceptables a Dios. Al ir en busca de la santidad, o sea al mortificar el pecado en su vida, tenga siempre en mente los "sujetalibros" de la justicia de Cristo y el poder de Cristo. Entonces, la búsqueda de ser santos porque Dios es santo estará motivada por el agradecimiento, y fortalecida por el Espíritu Santo.

# CAPÍTULO 11

# PRACTICANDO
# LA PIEDAD

SI YO TUVIERA que escoger una palabra para resumir todas las características de un cristiano maduro, sería la palabra *piadoso*. No hay un elogio más alto que se le puede dar a un cristiano que el llamarle una persona piadosa. Puede que sea una madre o un padre concienzudo, un trabajador entusiasta en la iglesia, un portavoz dinámico para Cristo, o un líder cristiano talentoso; pero ninguna de estas cosas importan si, a la misma vez, él o ella no es una persona piadosa.

Las palabras *piadoso* y *piedad* realmente aparecen sólo pocas veces en el Nuevo Testamento; sin embargo, la Biblia entera es un libro que habla acerca de la piedad. Y cuando esas palabras aparecen, están repletas de significado e instrucción para nosotros.

Cuando Pablo quiere resumir la esencia de la vida cristiana en un párrafo breve, se enfoca en la piedad. Él nos dice que la gracia de Dios "nos enseña a rechazar la *impiedad* y las pasiones mundanas. Así podremos vivir en este mundo con justicia, *piedad* y dominio propio, mientras aguardamos la bendita esperanza, es decir, la gloriosa venida de nuestro gran Dios y Salvador Jesucristo" (Tito 2:12, 13, énfasis agregado). Cuando Pablo piensa en su propia descripción de trabajo como un apóstol de Jesucristo, él la describe así: "Pablo, siervo de Dios y apóstol de Jesucristo según la fe de los elegidos de Dios y el pleno conocimiento de la verdad —la cual es según la *piedad*" (Tito 1:1, RVA).

En su primera carta a Timoteo, Pablo enfatiza la piedad. Debemos orar por aquellos en autoridad, para que podamos vivir vidas pacíficas y tranquilas con *piedad* y santidad. Debemos entrenarnos para ser *piadosos*. Debemos buscar la *piedad;* la palabra *buscar* indica un esfuerzo perseverante y tenaz. La *piedad* con contentamiento es de gran beneficio; y finalmente, la *piedad* tiene valor para todas las cosas, sosteniendo promesas para la vida presente y la vida por venir.

Cuando Pedro, al esperar el día del Señor cuando la tierra y todo dentro de ella sea destruido, pregunta qué clase de personas debemos ser, él responde que debemos vivir vidas santas y *piadosas* (ver 2 Pedro 3:10-12, RVA). Aquí Pedro usa el acontecimiento más importante de toda la historia para despertarnos a nuestro deber cristiano, el vivir vidas santas y *piadosas*.

De seguro, entonces, la piedad no es un lujo espiritual opcional para algunos cristianos pintorescos de una era pasada o para algún grupo de supersantos de hoy día. Es tanto el privilegio como la responsabilidad de cada cristiano buscar la piedad, entrenarse para ser piadoso, y estudiar diligentemente la práctica de la piedad. No necesitamos ningún talento o equipo especial. Dios "nos ha concedido todas las cosas que necesitamos para vivir como Dios manda" (2 Pedro 1:3). El cristiano más ordinario tiene todo lo que necesita, y el cristiano más talentoso debe usar esos mismos medios en la práctica de la piedad.

Entonces, ¿qué es la piedad? ¿Cuáles son las características de una persona piadosa? ¿Cómo es que una persona se hace piadosa? Le he preguntado a un gran número de personas: "¿Qué viene a su mente cuando piensa en la piedad?". Las respuestas, aunque variadas, siempre terminan expresando alguna idea del carácter cristiano, usando expresiones como: "como Dios", "semejante a Cristo" o "el fruto del Espíritu". La piedad ciertamente incluye el carácter cristiano, pero es más que eso. Hay otro aspecto de la piedad, aún más fundamental que un carácter piadoso. Es la base sobre la cual se construye el carácter piadoso.

La palabra para piedad en el Nuevo Testamento, en su significado original, lleva la idea de una actitud personal hacia Dios que resulta en acciones que son agradables a Dios. Esta actitud personal hacia Dios es lo que llamamos devoción a Dios. Pero es siempre *devoción en acción*. No es sólo un sentimiento cálido y emocional hacia Dios, el tipo de sentimiento que quizá tenemos al cantar un himno de alabanza muy solemne o algún coro contemporáneo de adoración. Ni tampoco es devoción a Dios meramente un momento de lectura bíblica y oración privada, una práctica que a veces llamamos "devoción". Aunque esta práctica es vitalmente importante para una persona piadosa, no debiéramos pensar en eso como una definición de devoción para nosotros.

## ENFOCADOS EN DIOS

Devoción no es una actividad; es una actitud hacia Dios. Dios es el punto central en la vida de la persona piadosa. Él o ella busca practicar la presencia de Dios, goza de la comunión con Dios, hace todas las cosas para la gloria de Dios, y ve el nombre de Dios santificado y honrado en la tierra como lo es en los cielos.

El ser devoto a Dios no significa que la persona se hace ascética o se aleja de los asuntos mundanos de la vida cotidiana. Sí significa que la persona continúa con las responsabilidades de la vida diaria con un ojo enfocado en Dios. Dios nunca está muy lejos de sus pensamientos, y todas sus actividades se llevan a cabo con el deseo de agradar a Dios.

El personaje poco conocido de la Biblia llamado Enoc es la ilustración de un hombre piadoso. La Biblia dice poco acerca de Enoc, pero lo que sí dice nos ayuda a entender lo que es la piedad. Génesis 5:22 dice: "…Enoc anduvo fielmente con Dios…". El autor de Hebreos nos dice: "Enoc… recibió testimonio de haber agradado a Dios" (Hebreos 11:5). Y en Judas 14, 15 es representado como profundamente preocupado acerca de la sociedad impía en que él vivía.

Enoc es mi héroe y mi ejemplo. Él fue, de acuerdo con lo que el registro bíblico enseña, un hombre ordinario. No fue un líder como Moisés, ni un guerrero como David, ni tampoco un oficial del gobierno sobresaliente como lo fue Daniel. Pero sí fue un hombre piadoso. Caminó con Dios, y agradó a Dios. Esto es lo que yo quiero hacer.

¿Qué significa caminar con Dios? De acuerdo con los cinco comentarios de Génesis con los cuales consulté, significa tener una comunión unida y personal con Dios. Significa que Enoc pasó tiempo enfocado en Dios. Enoc no tenía la Biblia como la tenemos hoy, pero cualquiera haya sido la manera en que Dios se comunicaba con la gente de los tiempos antiguos, Enoc tomó el tiempo para escuchar. Y luego, sin duda, oró a Dios. Realmente no sabemos cómo fue que Enoc desarrolló esta relación personal con Dios; pero cualquiera haya sido la manera apropiada para aquellos tiempos, él la usó.

## COMUNIÓN CON DIOS

Es difícil (¿quizá imposible?) vivir una vida centrada en Dios sin tener un momento específico para enfocar nuestros pensamientos en Dios. Se usan varios términos para describir este momento especial. Uno de los más usados es "devociones" o "tiempo devocional". Este término sugiere que ese rato debe ser consagrado a la comunión con Dios, una vez más, a través de la lectura bíblica y la oración. Hay una gran cantidad de libros con lecturas bíblicas diarias, meditaciones u oraciones que son llamados libros devocionales. El propósito de estos es el de ayudarnos a enfocar nuestra mente y nuestro corazón en Dios.

Un término que encontré a través de un hombre conocido, quien ahora está en la presencia del Señor, es "comunión con el Padre". Me gusta porque me recuerda que el Dios con quien quiero tener comunión —ese Dios Creador, Sustentador y Gobernador del universo entero— es también, a través de Jesucristo, mi Padre celestial. Él es quien hizo que su Hijo cargara mis pecados en la cruz y me dio su justicia. Él es quien me acepta incondicionalmente porque estoy unido a su Hijo con quien él está satisfecho. Él es a quien le clamo: *"¡Abba! ¡Padre!"* (Romanos 8:15).

Las prácticas específicas de nuestro tiempo de comunión con el Padre varían de una persona a otra. Como mínimo, incluyen algún tiempo de lectura bíblica y oración. Muchas personas agregan el mantener un diario; esto significa que escriben los pensamientos derivados de la lectura bíblica y las reflexiones sobre lo que Dios está obrando en su vida en ese momento. A mí me gusta incluir un momento de adoración privada (ver capítulo 14 para saber más acerca de este tema).

Una de las partes más refrescantes de mi tiempo de comunión es la que llamo "predicarme el evangelio" a mí mismo. Este término también lo aprendí del mismo hombre de quien aprendí el término "comunión con el Padre". Así que debe haber sido parte de su tiempo también. Uso varios pasajes evangelizadores de la Escritura para "predicarme". Estos incluyen: Salmo 103:12; Isaías 53:6; Romanos 4:7, 8; Romanos 8:1 y 2 Corintios 5:21. Todo esto es parte de mantener en su lugar el primer "sujetalibros": Jesucristo es mi justicia.

Lo más importante es mantener en mente que este momento que ponemos a un lado, sin importar cómo lo llamemos, debe ser un momento de comunión con Dios. El objetivo no es leer muchos capítulos de la Biblia, aunque vamos a leer la Biblia. Ni tampoco es el objetivo cubrir todos los puntos en nuestra lista de oración, aunque ciertamente vamos a querer orar. El objetivo es tener comunión con nuestro Padre Celestial, no importa las actividades que esto incluya. Yo creo que puedo decir con seguridad que no se puede ser una persona piadosa sin pasar diariamente un tiempo enfocado a nuestra comunión con Dios.

## UNA VIDA AGRADABLE A DIOS

Enoc no sólo caminó con Dios; sino que también agradó a Dios. Obviamente, estos son los "dos lados de la moneda". No podemos agradar a Dios sin pasar tiempo con él. Al mismo tiempo, no se puede tener una relación unida y en comunión personal con Dios si no estamos buscando agradarlo. Entonces, yo defino la piedad como *la devo-*

*ción a Dios que resulta en una vida agradable a Dios.* Antes dije que la devoción a Dios es siempre devoción en acción. En otras palabras, la piedad implica un estilo de vida piadoso.

Entonces, ¿cómo es una vida piadosa? ¿Qué hace que a ciertas personas las llamemos piadosas? Es su carácter el que refleja esta relación unida con Dios. En el capítulo anterior, "Buscando la santidad", nos enfocamos en separarnos del pecado mortificando las expresiones de pecado en nuestra vida. La persona piadosa ciertamente hace esto, pero hace más que mortificar el pecado. La persona piadosa busca revestirse de las virtudes positivas del carácter cristiano, a lo que Pablo llama el fruto del Espíritu (Gálatas 5:22, 23) y del cual, en otros momentos, él nos urge a que nos "vistamos" (Colosenses 3:12-14).

Hay cierta duplicación en estas dos listas, pero cuando se elimina la duplicación tenemos doce rasgos de personalidad que debemos adoptar: amor, gozo, paz, paciencia, benignidad, bondad, fe, mansedumbre, dominio propio, compasión, humildad y un espíritu perdonador.

Obviamente, un tratamiento individual de cada uno de estos rasgos piadosos va más allá del alcance de este libro. He tocado sobre muchos de estos en mi libro, *La Práctica de la Piedad.* Pero quiero cubrir brevemente los dos rasgos que creo ser fundamentales a los demás: el amor y la humildad. El amor es indudablemente el rasgo de personalidad más fundamental. De hecho, esto es enseñado, por precepto o ejemplo, más de cincuenta veces en el Nuevo Testamento.

## LA GRACIA DEL AMOR

Cuando Pablo enumera los rasgos piadosos que él llama el fruto del

Espíritu, pone al amor en primer lugar; y ciertamente lo hace para enfatizar su importancia. El amor es la gracia sobre donde todo lo demás crece. En Colosenses 3:14, él dice: "Por encima de todo, vístanse de amor, que es el vínculo perfecto".

La piedad es devoción a Dios, pero la devoción a Dios encuentra su expresión exterior en el amarse el uno al otro. O, poniéndolo de otra manera, nuestra devoción a Dios se valida por nuestro amor por otras personas. Como nos dice el apóstol Juan: "Si alguien afirma: 'Yo amo a Dios', pero odia a su hermano, es un mentiroso; pues el que no ama a su hermano, a quien ha visto, no puede amar a Dios, a quien no ha visto. Y él nos ha dado este mandamiento: el que ama a Dios, ame también a su hermano" (1 Juan 4:20, 21).

No podemos amar verdaderamente a Dios si no nos amamos entre nosotros. Reconocer que hay alguien a quien no amo es como decirle a Dios: "no te amo lo suficiente como para amar a esa persona". Esto no es negar la realidad de la lucha espiritual al tener que amar a una persona en particular, porque a menudo esta lucha existe. Me estoy refiriendo a la actitud de ni siquiera intentar amar a la otra persona, o de estar satisfecho al permitir que en mi corazón resida una descontrolada falta de amor hacia cierta persona.

La devoción a Dios es la motivación más importante del carácter cristiano, pero también es cierto que el amor por nuestro hermano es la motivación que le sigue en importancia para el ejercicio de la gracia cristiana entre unos y otros.

Primera Corintios 13 es la descripción clásica del amor. Si escribimos las virtudes del amor de 1 Corintios 13 como declaraciones que nos motivan, quizá sonarían algo así:

- Soy paciente contigo porque te amo y quiero perdonarte.
- Soy bondadoso o bondadosa porque te amo y quiero ayudarte.
- No tengo envidia de tus posesiones o tus talentos porque te amo y quiero que tengas lo mejor.
- No voy a jactarme de mis logros porque te amo y quiero escuchar de los tuyos.
- No soy orgulloso u orgullosa porque te amo y quiero estimarte antes de estimarme a mí mismo.
- No soy grosero o grosera porque te amo y me importan tus sentimientos.
- No pienso sólo en mí porque te amo y quiero pensar en tus necesidades.
- No me enfado fácilmente contigo porque te amo y quiero pasar por alto tus ofensas.
- No mantengo un registro de tus errores porque te amo y el "amor cubre una multitud de pecados".

Expresar el amor en esta manera, como un factor para motivación, nos ayuda a ver lo que Pablo tenía en mente cuando dijo que el amor enlaza juntas todas las virtudes del carácter cristiano. El amor es no tanto un rasgo de la personalidad sino más bien una disposición de nuestro ser que produce todas las virtudes. Pero aunque el amor sea más una fuerza de motivación que una exhibición actual de las virtudes cristianas, *siempre* resulta en acciones de nuestra parte. El amor nos inclina y nos dirige a ser bondadosos y bondadosas, a perdonar, a darnos los unos a los otros. Por esto, Pedro nos dijo: "Sobre todo, ámense los unos a los otros profundamente, porque el amor cubre multitud de pecados" (1 Pedro 4:8).

## LA GRACIA DE LA HUMILDAD

Creo que el segundo rasgo más importante de la personalidad es la humildad. En el capítulo 13, "Vestidura de Gracia", de mi libro *Gracia Transformante* trato brevemente este rasgo. Me gusta usar el término, *humildad del evangelio,* porque creo que un entendimiento completo de nuestra necesidad del evangelio y nuestra apropiación diaria de éste es el instrumento principal que Dios usa para producir humildad dentro de nosotros. ¿Quién puede seguir orgulloso al arrodillarse al pie de la cruz? Es cuando alejamos la mirada de la cruz e intentamos construir nuestra propia lista de obras de justicia que empezamos a ser altivos, y a exhibir orgullo en vez de la humildad del evangelio.

Una persona que vive por el evangelio buscará revestirse de *humildad.* Desafortunadamente, esta característica del fruto del Espíritu no es muy buscada por la mayoría de los creyentes. Quizás es porque a menudo se la ha confundido con el autodesprecio, el cual niega que haya algo bueno o valioso en nosotros. La humildad no niega lo bueno en nosotros. La humildad reconoce que lo bueno que hay en nosotros, ya sea en la forma de un carácter como el de Cristo o de lo bueno que hacemos en el servicio a Dios y a otras personas, es algo que no se origina dentro de nosotros, sino que es el resultado del trabajo del Espíritu Santo en nuestra vida. La humildad no niega la evidencia de su trabajo lleno de gracia y compasivo en nosotros y a través de nosotros. El hacerlo sería deshonrarle al igual que atribuir la causa y los resultados de su trabajo a nosotros.

Jesús no sólo dijo: "Ninguna rama puede dar fruto por sí misma" (Juan 15:4); sino que también dijo: "El que permanece en mí, como yo en él, dará mucho fruto..." (Juan 15:5). **Permanecer en Cristo, o habi-tar en Cristo**, usando palabras más conocidas, es poner a un lado nuestra sabiduría, fortaleza y mérito para así tomar todo de él. En otras palabras, habitar en Cristo es lo mismo que depender totalmente de la gracia de Dios, tanto en el área de las habilidades, como en el área de los méritos. Pero el punto que quiero destacar es que Jesús dijo que cuando habitamos en él, cuando dependemos de la gracia de Dios, produciremos mucho fruto. Así que, no es el honrar a Dios, ni es el rechazar ver lo bueno producido en nosotros o a través de nosotros la marca de la verdadera humildad. Humildad, entonces, es el reconocimiento de que somos completamente débiles y desamparados en nosotros mismos, pero somos poderosos y útiles por la gracia de Dios.

También existe la dimensión horizontal de la humildad con relación a otras personas. El orgullo, con relación a otras personas, es compararnos y vernos como superiores a ellas en alguna área, ya sea en el carácter, en la conducta o en nuestros logros. Una de las peores formas de orgullo es el mal llamado orgullo espiritual, que consiste en una actitud que dice: "soy más santo, justo, fiel, obediente o más fructífero en el evangelismo que otros".

La humildad hacia otros es, entonces, una vez más, un reconocimiento de que todo lo que somos y hacemos que sea de valor es un regalo de la gracia de Dios. Entonces, la humildad cambia la tentación del orgullo a un motivo de gratitud a Dios por lo que él ha hecho en y a través de nosotros.

Hay otro aspecto de la humildad con relación a otras personas: el de nuestro servicio a otros. Probablemente, Pablo tenía en mente este aspecto cuando dijo en Colosenses 3:12 que debemos vestirnos con humildad. Jesús es nuestro ejemplo en el servicio. Él lavó los pies de sus discípulos —generalmente, esta tarea era realizada por el sirviente de rango más bajo— y les dijo a sus discípulos que debían seguir su ejemplo (ver Juan 13:1-15). También les dijo: "Porque, ¿quién es más importante, el que está a la mesa o el que sirve? ¿No lo es el que está sentado a la mesa? Sin embargo, yo estoy entre ustedes como uno que sirve" (Lucas 22:27). Pero sobre todo, Jesús puso a un lado su gloria y se hizo un sirviente máximo cuando aceptó morir por nosotros en la cruz (ver Filipenses 2:5-11). Por sus acciones, Jesús cambió lo que era juzgado como débil por los paganos, en fortaleza y virtud para los cristianos. La persona que desea ser piadosa, debe vestirse con humildad al servir a otros.

## PRACTICAR, PRACTICAR, PRACTICAR

He titulado este capítulo "Practicando la piedad", que también es el título de mi libro sobre este tema. *¿Por qué practicar la piedad?* Dos razones: Primero, desarrollar un carácter piadoso requiere trabajo. Pablo le escribió a Timoteo: "...ejercítate [trabaja duro al hacer esto] en la piedad" (1 Timoteo 4:7). Segundo, en esta vida nunca llegaremos a ser perfectamente piadosos. De la misma manera en que nunca llegaremos a ser completamente santos, tampoco, nunca llegaremos a ser completamente piadosos hasta que nos vayamos al cielo para estar con Jesús. Pero así como debemos buscar siempre la santidad, también debemos practicar constantemente la piedad. La clave para obtener y mantener cualquier habilidad es: práctica, práctica, práctica. Y esto es cierto respecto a nuestro crecimiento en la piedad.

# CAPÍTULO 12

# CONFIANDO
# EN DIOS

T ODOS NOSOTROS enfrentamos la adversidad en varias maneras y en diferentes momentos. Como alguien dijera tan bien: "La vida es difícil". Yendo un poco más, yo diría que la vida es a menudo dolorosa. La vida a menudo duele. Nada de lo que yo diga en este capítulo tiene la intención de restarle importancia a su dolor. Simplemente quiero ayudarnos a que aprendamos a confiar en Dios en medio del dolor.

Algunas adversidades son relativamente mínimas. Dejé olvidada mi Biblia en un avión sólo dos horas antes de hablar en una conferencia. Esto no era necesariamente algo traumático, pero pareció serlo en ese momento. Algunas adversidades son repentinas y devastadoras, como un accidente de auto que mata a una o más personas amadas. Otras son crónicas y persistentes, como una incapacidad física incurable. Aun cuando no estemos sintiendo angustias mayores, frecuentemente nos encontramos con eventos frustrantes que nos producen ansiedad, como la pérdida de mi Biblia, y que pueden robarnos la paz y el gozo.

Una buena parte del crecimiento espiritual tiene que ver con aprender a confiar en Dios en los momentos de adversidad. Confiar en Dios es tan importante como lo es el obedecerle. Cuando desobedecemos a Dios, desafiamos su autoridad y despreciamos su santidad. Pero cuando no confiamos en Dios, dudamos de su soberanía y de su bondad. En los dos casos, lanzamos calumnias sobre su carácter.

Parece ser que confiar en Dios es mucho más difícil que obedecerle. La voluntad moral de Dios es racional y razonable. Las circunstancias en donde debemos confiar en Dios frecuentemente parecen ser irracionales e inexplicables. El obedecer a Dios obra en límites bien definidos de su voluntad revelada. El confiar en Dios obra en una zona que no tiene límites. Como dice en Proverbios 27:1: "No sabes lo que el día traerá".

Para poder confiar en Dios, siempre debemos ver nuestras circunstancias adversas a través de los ojos de la fe, no de los sentidos. Y, al igual que la fe salvadora viene a través de escuchar el mensaje del evangelio (ver Romanos 10:17), así también la fe de confiar en Dios en momentos de adversidad viene sólo a través de la Palabra de Dios. Es sólo en la Escritura que encontramos una perspectiva adecuada de la relación de Dios con y su participación en nuestras circunstancias dolorosas.

Podemos recibir la gracia de confiar en Dios en medio de la adversidad sólo cuando la Escritura es aplicada a nuestro corazón por medio del Espíritu Santo.

En el campo de la adversidad, la Escritura nos enseña tres verdades esenciales de Dios; son verdades que debemos creer si vamos a confiar en él en la adversidad. Estas son:

- Dios es completamente soberano.
- Dios es infinito en su sabiduría.
- Dios es perfecto en su amor.

## SOBERANO Y BUENO

La Biblia afirma continuamente la soberanía de Dios, y aun hoy, muchas personas, incluyendo algunos creyentes, lo dudan. Ellos razonan de esta manera: o Dios es soberano y no bueno, o es bueno y no soberano. Si él fuera las dos cosas, no experimentaríamos ni veríamos toda la angustia y la tragedia que ocurre diariamente alrededor del mundo.

Habiendo decidido que Dios no puede ser soberano y bueno al mismo tiempo, escogen creer en la bondad o el amor de Dios. Pero Jesús dijo que no tenemos que escoger entre la soberanía de Dios y su bondad. Consideremos lo que dice acerca de la participación de Dios en el destino de un gorrión:

> ¿No se venden dos gorriones por una monedita? Sin embargo, ni uno de ellos caerá a tierra sin que lo permita el Padre, y él les tiene contados a ustedes aun los cabellos de la cabeza. Así que no tengan miedo; ustedes valen más que muchos gorriones (Mateo 10:29-31).

Un gorrión no puede caer a la tierra sin la voluntad soberana de Dios. No importa cuántos cazadores o aves de rapiña estén persiguiendo al gorrión, nada le puede pasar a menos que sea la voluntad de Dios. Y luego Jesús no nos deja en duda de la aplicación para nosotros. Él dijo: "Así que no tengan miedo; ustedes valen más que muchos gorriones".

En efecto, Jesús está diciendo: "Si Dios controla soberanamente el destino de un gorrión, ¿cuánto más él controla el destino de ustedes? Entonces, no tengan miedo".

Alguien podría decir: "Bueno, está bien que Dios controla el destino del gorrión. Pero ¿qué acerca de calamidades tales como la epidemia del SIDA y el hambre en áreas extensas de África? ¿Es Dios soberano sobre las tragedias más grandes del mundo?".

La Biblia dice que sí. Una y otra vez, la Biblia afirma la soberanía de Dios desde las minucias hasta los eventos más importantes en la vida. En Lamentaciones 3:37, 38 tenemos un buen ejemplo: "¿Quién puede anunciar algo y hacerlo realidad sin que el Señor dé la orden? ¿No es acaso por mandato del Altísimo que acontece lo bueno y lo malo?".

Este pasaje nos enseña que ni los seres humanos ni las fuerzas impersonales de la naturaleza, ni otras circunstancias físicas nos pueden hacer daño al menos que Dios lo decrete. Dios puede decretar causar efectivamente un evento, o puede decretar permitirlo. Pero en cada caso, él es soberano sobre todo.

Entonces vemos que Dios es soberano. Pero ¿qué de su bondad? Consideremos otra vez las palabras de Jesús en Lucas 12:6, 7: "¿No se venden cinco gorriones por dos moneditas? Sin embargo, Dios no se olvida de ninguno de ellos. Así mismo sucede con ustedes: aun los cabellos de su cabeza están contados. No tengan miedo: ustedes valen más que muchos gorriones".

¿Ve la diferencia sutil entre estos versículos y los de Mateo 10:29-31? En Mateo, Jesús habla de la soberanía de Dios. Aquí, en Lucas, el habla del cuidado de Dios. Ni un simple gorrión es olvidado por él. La palabra *olvida* aquí no se refiere a un lapso en la memoria de Dios. En vez de eso, Jesús nos está diciendo que ni un simple gorrión es abandonado por Dios. Una vez más, Jesús no nos deja en duda de cuál es su aplicación. Si ni un solo gorrión es olvidado por Dios, ¿cuánto más él no se olvida de usted?

La realidad de la vida es que a veces parece que Dios nos ha olvidado o abandonado. En Salmo 13:1, David clama: "¿Hasta cuándo, SEÑOR, me seguirás olvidando? ¿Hasta cuándo esconderás de mí tu rostro?". Y en el Salmo 10:1, él ora: "¿Por qué, SEÑOR, te mantienes distante? ¿Por qué te escondes en momentos de angustia?". Es como si David estuviera diciendo: "Dios, justo cuando te necesito más, no te encuentro. Te has escondido".

Encontramos un clamor similar de la nación de Israel [llamada Sion en el texto] en Isaías 49:14-16: "Pero Sion dijo: 'El SEÑOR me ha abandonado; el Señor se ha olvidado de mí. ¿Puede una madre olvidar a su niño de pecho, y dejar de amar al hijo que ha dado a luz? Aun cuando ella lo olvidara, ¡yo no te olvidaré! Grabada te llevo en las palmas de mis manos; tus muros siempre los tengo presentes'".

Las dos palabras, *abandonado* y *olvidado,* se refieren a un corazón desamparado y a un abandono físico. Esto es lo que pasa en la increíble y cruel práctica del infanticidio. En tiempos bíblicos, los bebés que no eran queridos eran dejados afuera a campo abierto para que se los comieran los animales o se murieran al estar expuestos a los elementos. Eran físicamente abandonados. Pero, obviamente, para que los padres hagan algo tan horrible, primero tenían que desamparar el bebé en su corazón. De hacer esto es lo que Sion acusa a Dios.

¿Pero cuál es la respuesta de Dios? Él toma el enlace físico más estrecho que existe, el de una madre dándole de mamar a su bebé, y le pregunta: "¿puede una madre olvidar a su niño de pecho?". Entonces Dios dice: "Aun cuando ella lo olvidara, ¡yo no te olvidaré!". Dios dice que es imposible para él olvidarnos aunque nuestras circunstancias pudieran a veces parecer todo lo contrario.

¿Entonces qué hacemos cuando parece que Dios nos ha olvidado y desamparado? Regresamos a lo que la Biblia nos dice acerca de Dios. Podemos ver a Dios a través del lente de nuestro dolor, o podemos ver a nuestro dolor a través del lente de la fe. Y la fe siempre viene a través de la confianza en las promesas de Dios. Aquí es donde el Salmo 119:11 nos puede ayudar. Podemos guardar las promesas de Dios en nuestro corazón para aquellos momentos de adversidad, por muy pequeños o grandes que sean. No puedo decir cuántas veces he tenido que recordar las palabras en Hebreos 13:5: "Nunca te dejaré; jamás te abandonaré", en mis propias circunstancias.

## LA SABIDURÍA DE DIOS

Vemos entonces que Dios es soberano y bondadoso. No tenemos que escoger entre los dos. Pero la pregunta todavía permanece. Si Dios es soberano y bondadoso, ¿por qué hay tanto dolor y tragedia en el mundo? ¿Por qué Dios no refrena el mal moral y circunstancial en el mundo? La respuesta es: *Nosotros* no sabemos pero *Dios* sí lo sabe. Y Dios no está obligado a explicarnos a nosotros. De hecho, probablemente no podríamos entender si nos explicara. Consideremos las palabras de Pablo en Romanos 11:33: "¡Qué profundas son las riquezas de la sabiduría y del conocimiento de Dios!". O como otra traducción expresa esa última frase: "...que misteriosos sus métodos".

Supongamos que un físico prominente está explicando una ecuación nuclear complicada en un seminario a sus colegas. Lo tiene todo escrito en un tablero blanco y está demostrando el proceso de la ecuación. Sus colegas pueden seguir esta lógica, pero un niño de seis años no puede. El científico puede explicarlo una y otra vez, pero el niño de seis años simplemente no tiene la capacidad intelectual para entender.

De esta manera estamos en relación con la sabiduría de Dios, pero todavía en forma más marcada. La brecha de entendimiento que existe entre el científico y el niño de seis años es enorme. Pero sigue siendo finita. Sin embargo, la brecha entre las maneras que Dios tiene para gobernar su universo y nuestra habilidad para entender sus maneras es una brecha infinita. Como Dios mismo afirma:

> Porque mis pensamientos no son los de ustedes, ni sus caminos son los míos —afirma el SEÑOR—. Mis caminos y mis pensamientos son más altos que los de ustedes; ¡más altos que los cielos sobre la tierra! (Isaías 55:8, 9).

Ahora, la expresión: "¡más altos que los cielos…!", quizá no sea tan llamativa para nosotros que vivimos en la era del espacio. Pero recuerden: Dios habló de esto cientos de años antes de que los hermanos Wright volaran su primer avión. En ese tiempo, "¡más altos que los cielos…!", podría haber sido una metáfora para infinito. Esta es la manera en que los caminos de Dios son en comparación a nuestros caminos. Los de él son infinitamente más altos que los nuestros.

Entonces, si vamos a aprender a confiar en Dios, debemos aceptar el hecho de que tenemos que confiar en él aun cuando no entendemos todo. Pero recuerden: aunque no entendamos sus maneras, sabemos que son buenas.

Recuerden las tres verdades que la Biblia nos enseña acerca de Dios y nuestras adversidades:

- Dios es completamente soberano.
- Dios es infinito en sabiduría.
- Dios es perfecto en amor.

Alguien ha expresado estas tres verdades, y cómo se relacionan a nosotros, en esta manera:

Dios en su amor siempre desea lo mejor para nosotros. En su sabiduría, siempre sabe lo que es mejor. Y en su soberanía, tiene el poder de hacerlo realidad.

## LA DISCIPLINA DE LA ADVERSIDAD

Aunque no podamos entender la manera como Dios gobierna su universo o por qué permite situaciones específicas de dolor en nuestra vida, él nos ha dado una idea de su propósito final para las adversidades que enfrentamos. En Hebreos 12:5-11, él la llama *disciplina*. Tal como se usa en ese pasaje, disciplina no se refiere a las consecuencias para remediar un mal comportamiento, como en "tuve que disciplinar a mi hijo". Más bien, la palabra disciplina tiene la idea de enseñarle a un niño; es todo lo que ocurre cuando se entrena a un niño para que llegue a ser un adulto responsable.

En Hebreos 12, el autor usa la palabra *disciplina* al referirse a un aspecto específico del entrenamiento espiritual que Dios tiene para el niño: el del sufrimiento o la adversidad.

Hebreos 12:7 es clave para entender el propósito de la adversidad en nuestra vida. El autor nos dice: "lo que soportan es para su disciplina". No hay un adjetivo que califique. Él no dijo: "lo mucho que soportan", ni tampoco dijo: "Lo poco que soportan". En la ausencia de un adjetivo que califique, debemos entender que él quiso decir *todo lo que soportan*.

Toda adversidad de cualquier tipo tiene propósito disciplinario para nosotros. *No existe dolor sin un propósito en la vida de un creyente.*

Esto no quiere decir que un sufrimiento en particular está relacionado con un acto específico o un hábito de pecado en nuestra vida. Significa que cada expresión de disciplina tiene su intención final, la de conformarnos a la semejanza de Cristo. Es cierto que muchas veces no podemos ver la conexión entre la adversidad y el propósito de Dios. Debería de ser suficiente para nosotros saber que Dios sí ve la conexión y el resultado final que él pretende.

¿Podemos saber si una adversidad está relacionada a algún pecado específico en nuestra vida? No con certeza, pero es mi propia creencia que el Espíritu Santo traerá esta conexión a nuestra atención si lo necesitamos saber para poder lidiar con algún pecado. Si nada viene a la mente, podemos orar preguntándole a Dios si hay algo que él quiere que conscientemente aprendamos. Más allá de esto, es en vano especular por qué Dios ha traído cierto sufrimiento a nuestra vida. Parte del proceso santificador de la adversidad es este misterio o nuestra inhabilidad en encontrar sentido a un sufrimiento en particular.

Cuando no podemos encontrarle sentido a nuestras circunstancias, debemos regresar a la seguridad y convicción de Hebreos 12:7: "Dios los está tratando como a hijos". Recuerden, él es quien está a cargo de nuestro crecimiento espiritual. Él sabe exactamente qué y cuánta adversidad desarrollará más semejanza a Cristo en nosotros, y él no traerá, ni permitirá entrar a nuestra vida, más de lo que sea necesario para su propósito.

Soporte todo sufrimiento como disciplina. No quiero hacer parecer trivial el sufrimiento pero, como ya he reconocido, hay varios grados de adversidad. Algunas son devastadoras, como la muerte de un amado o una lesión que incapacita permanentemente. Algunas, como una llanta desinflada o una tubería atascada, son sólo fastidios temporales. Pero, ya sean triviales o serias, todas estas circunstancias y eventos tienen como intención de Dios ser un medio de desarrollo para que lleguemos a ser semejantes a Cristo.

## SUMISIÓN A LA DISCIPLINA

Continuando en su tratamiento de la disciplina de la adversidad, el autor de Hebreos escribió: "Después de todo, aunque nuestros padres humanos nos disciplinaban, los respetábamos. ¿No hemos de someternos, con mayor razón, al Padre de los espíritus, para que vivamos?" (Hebreos 12:9).

Para poder obtener el mayor beneficio o ganancia de la disciplina de la adversidad, necesitamos someternos a ella. El autor nos recuerda que en la familia humana, los niños respetan al padre que los disciplina. Esto, por supuesto, debe ser difícil de ver en las familias donde el padre disciplina por razones egoístas, por enojo o impaciencia, en vez de hacerlo por amor y para el beneficio del niño. En su analogía entre la disciplina paternal humana y la disciplina de Dios, el autor de Hebreos asume un modelo de padre que es más normal.

El punto del autor es que si respetábamos la disciplina de nuestros padres, ¿cuánto más deberíamos someternos a la disciplina de Dios? La disciplina de nuestros padres era imperfecta, tanto en la motivación como en aplicación. Pero la disciplina de Dios es perfecta, diseñada exactamente para nuestras necesidades.

¿Cómo, entonces, nos sometemos a la disciplina de Dios? Negativamente, significa que no nos enojamos con Dios, o lo acusamos injustamente, cuando las circunstancias difíciles vienen a nuestra vida. Yo estaba inclinado a escribir: "no continuemos enojados" en vez de "no nos enojemos con Dios", para permitir una reacción inicial de corto plazo hacia Dios. Pero creo que aun el enojo de corto plazo hacia Dios es un pecado por el cual necesitamos arrepentirnos. Aunque el enojo pueda ser una reacción emocional, es aun un cargo de injusticia contra Dios. De seguro esto es pecado.

Es aún más serio cuando alguien permite que el enojo hacia Dios continúe a través de meses o aun años. Tal actitud se desarrolla como un resentimiento contra Dios y llega a ser un acto de rebelión. Ciertamente, es no someternos a nuestro Padre celestial.

Positivamente, nos sometemos a la disciplina de Dios cuando aceptamos todo sufrimiento como viniendo de su amante mano para nuestro bien. Esto significa que nuestra reacción principal debe ser una de sumisión humilde y confiada.

Como escribió el apóstol Pedro: "Humíllense, pues, bajo la poderosa mano de Dios, para que él los exalte a su debido tiempo" (1 Pedro 5:6). Debemos someternos al trato providencial de Dios para con nosotros, reconociendo que todavía hay bastante en nuestro carácter que necesita mejorar. Debemos confiar en él, creyendo que él es infinito en su sabiduría y sabe exactamente el tipo y cantidad de adversidad que necesitamos para lograr su propósito.

Someternos a la disciplina de Dios no significa que no debemos orar para que se alivie nuestra dificultad o que no debemos buscar un medio válido para aliviar nuestra situación. A veces, el resultado final que Dios tiene en mente es el de ejercitar nuestra fe; entonces, él nos pone en circunstancias estrechas para que así lo busquemos y encontremos la libertad que hay en él. Pero fortalecer nuestra fe es un aspecto importante de la disciplina.

Lo más importante es nuestra actitud. Podemos orar sinceramente a Dios por alivio y aun estar sometidos a él en cuanto al resultado. Jesús es nuestro ejemplo supremo en esto cuando oró la noche antes de su crucifixión: "Padre mío, si es posible, no me hagas beber este trago amargo. Pero no sea lo que yo quiero, sino lo que quieras tú" (Mateo 26:39).

## LA META DE LA ADVERSIDAD

En efecto, nuestros padres nos disciplinaban por un breve tiempo, como mejor les parecía; pero Dios lo hace para nuestro bien, a fin de que participemos de su santidad. Ciertamente, ninguna disciplina, en el momento de recibirla, parece agradable, sino más bien penosa; sin embargo, después produce una cosecha de justicia y paz para quienes han sido entrenados por ella (Hebreos 12:10, 11).

El autor de Hebreos contrasta la sabiduría finita de los padres al disciplinar a sus hijos con la sabiduría infinita e infalible de Dios. Aun los mejores padres humanos disciplinan como mejor saben. Su manera de juzgar es falible; sus acciones son a veces inconsistentes y frecuentemente están guiadas por impulsos del momento. Como se observa frecuentemente, tienen que aprender al hacer. Cualquiera que ha intentado criar niños en una manera piadosa y responsable sabe muy bien que hay momentos cuando los padres simplemente no saben cuál es la manera apropiada o el grado de disciplina para ese niño o esa niña.

Dios, sin embargo, siempre nos disciplina para nuestro bien. Él sabe lo que es mejor para cada uno de nosotros. No tiene que debatir consigo mismo para saber qué es lo más apropiado para nosotros. Sabe intuitiva y perfectamente la naturaleza, intensidad, y duración de sufrimiento que mejor servirá a su propósito para hacernos partícipes de su santidad. Nunca trae más dolor del necesario para cumplir su propósito. Lamentaciones 3:33 expresa este sentimiento de esta manera: "El Señor nos hiere y nos aflige, pero no porque sea de su agrado".

Volviendo a Hebreos 12:10: "Dios lo hace para nuestro bien, a fin de que participemos de su santidad". Observen cómo el autor iguala nuestro bien con ser más santos. El apóstol Pablo escribió de manera similar cuando dijo: "Sabemos que Dios dispone todas las cosas para el bien de quienes lo aman... Porque a los que Dios conoció de antemano, también los predestinó a ser transformados según la imagen de su Hijo" (Romanos 8:28, 29). Ser transformados según la imagen de Cristo y participar de la santidad de Dios son expresiones equivalentes. Este es el bien más alto al cual un creyente puede aspirar.

Este es el diseño de Dios en toda adversidad y sufrimiento que experimentamos en esta vida. Desde la perspectiva de Dios, no existen casualidades en nuestra vida. Todo dolor que sentimos pretende movernos más cerca de nuestra meta de ser santos como él es santo.

"Ninguna disciplina, en el momento de recibirla, parece agradable", dijo el autor de Hebreos. La adversidad viene en diferentes maneras: enfermedad seria, accidente, muerte de un ser querido, desempleo, tristezas y humillaciones de varias clases. Todas estas aflicciones son dolorosas. Deben serlo para que puedan lograr su pretendido propósito de sacar de nuestra vida todo lo que no es santo para que así el carácter santo pueda ser producido. Debemos admitir el dolor. Debemos ser como el autor de Hebreos quien fue honesto cuando dijo que la disciplina del sufrimiento es dolorosa.

Luego, sin embargo, la disciplina produce una cosecha de virtudes y paz. La "cosecha de virtudes", es esencialmente equivalente a compartir su santidad. La disciplina, entonces, es una de las maneras principales que Dios usa para hacernos santos. El camino a la santidad está pavimentado con adversidad. Si queremos ser santos debemos esperar la disciplina de Dios a través de los sufrimientos y las tristezas que él trae o permite en nuestra vida.

La disciplina del sufrimiento también produce paz para aquellos que han sido entrenados por ella. La palabra entrenados usada aquí es la misma que Pablo usó en 1 Timoteo 4:7, la cual tomó prestada del mundo atlético de ese día. No está claro si el autor de Hebreos estaba escribiendo de la paz que viene con la madurez en esta vida o del descanso que eventualmente viene al creyente en la eternidad. La verdad es que la Escritura enseña de ambas. Acerca de esta vida, Pablo escribió que nuestro sufrimiento produce perseverancia, lo cual produce carácter (ver Romanos 5:3, 4); y Santiago dijo que la prueba de nuestra fe desarrolla perseverancia, la cual nos lleva a la madurez (ver Santiago 1:2-4).

Nuestra esperanza final no es lograr la madurez de carácter en esta vida, por muy valioso que esto sea, sino lograr la perfección de carácter en la eternidad. El apóstol Juan escribió: "...cuando Cristo venga seremos semejantes a él, porque lo veremos tal como él es" (1 Juan 3:2). El proceso, generalmente doloroso, de ser transformados a su semejanza terminará. Seremos completamente conformados a la semejanza del Señor Jesucristo.

Deseando llegar a ese momento, Pablo escribió: "De hecho, considero que en nada se comparan los sufrimientos actuales con la gloria que habrá de revelarse en nosotros" (Romanos 8:18). Pablo dijo que nuestros sufrimientos no valen nada comparados con la gloria que sentiremos en la eternidad.

Esto no quiere decir que nuestros sufrimientos no sean dolorosos. Hemos visto en Hebreos 12:11 que verdaderamente son dolorosos, y todos sabemos esto, hasta cierto grado, por la experiencia. Nada que yo diga en este capítulo pretende minimizar el dolor y la perplejidad de la adversidad. Pero necesitamos aprender a mirar por fe, más allá de nuestro dolor, la gloria eterna que será revelada en nosotros. Recuerden, el Dios quien nos disciplina también nos glorificará.

Entonces, la disciplina de la adversidad es dada a nosotros a través de Dios como un medio de crecimiento. Nuestro papel en esta disciplina es responderle y consentir a lo que sea que Dios esté haciendo, aunque alguna situación particular de la adversidad no tenga ningún sentido para nosotros. Al hacer esto, veremos a su tiempo el fruto del

Espíritu producido en nuestra vida. Creceremos más y más hasta llegar a ser la clase de creyentes que Dios quiere que seamos.

# Capítulo 13

# Sirviendo
# a Dios

L A META de nuestro crecimiento espiritual es ser más y más como Jesús (ver Romanos 8:29). Tendemos a pensar de esto como en llegar a ser más como él en su carácter, pero necesitamos recordar que Jesús vino a *trabajar,* a *hacer* la voluntad del Padre. En la víspera de su crucifixión, en su oración él pudo decir: "Yo te he glorificado en la tierra, y he llevado a cabo la obra que me encomendaste" (Juan 17:4).

Entonces, si vamos a ser como Jesús, tenemos también que hacer la obra que Dios nos ha dado para hacer. De hecho, Pablo nos dice en Efesios 2:10: "Porque somos hechura de Dios, creados en Cristo Jesús para buenas obras, las cuales Dios dispuso de antemano a fin de que las pongamos en práctica". Dios pretende que todos los creyentes sean obreros activos en su reino.

Para esto, Dios ha asignado a cada cristiano una función en el cuerpo de Cristo. No hay excepciones a esto; cada miembro tiene una función que cumplir. Warren Myers, en su libro: *Pray: How to be Effective in Prayer* (Orar: Cómo ser efectivos en la oración), nos cuenta acerca de dos personas extraordinarias: William Carey, misionero en la India, y la hermana de Carey, postrada y casi paralizada por completo. William Carey logró completar una traducción de la Biblia, un trabajo sin igual en la historia de las misiones, y ha sido llamado "el padre de las misiones modernas". Ni sabemos el nombre de su hermana. Se la menciona sólo como "la hermana de Carey". Pero mientras Carey trabajaba traduciendo e imprimiendo partes o toda la Biblia a cuarenta lenguajes en la India, su hermana estaba postrada en Londres y oraba hora tras hora, mes tras mes, por todos los detalles, problemas y luchas de la obra de su hermano. Al contar esta historia de Carey y la hermana de éste, Myers hace la pregunta: "¿A qué cuenta acreditará Dios las victorias ganadas a través de este hombre tan extraordinario?"[1]. Todos sabemos que la hermana de Carey compartió en su ministerio. De hecho, fue una parte muy vital. Sin su ministerio de intercesión a nombre de su hermano, la obra no hubiera salido adelante.

## FUNCIÓN EN EL CUERPO

El propósito de esta historia es el de enfatizar que Dios le asigna *a cada* creyente una función importante en el cuerpo. Él le dio a William Carey la obra de traducir la Biblia en la India, y le asignó a su hermana la de orar por la obra mientras estaba paralizada, postrada en su cama en Londres. La función de William Carey fue definitivamente visible, por lo menos lo es para nosotros hoy día; la función de su hermana quizás no era conocida, excepto por algunas personas. Aun así, los dos tuvieron una parte vital en la empresa misionera en la India. Dios asignó a cada uno de ellos una función específica y les permitió por su gracia cumplirla.

Así como Dios nos asigna a cada uno una función en el cuerpo de Cristo, nos equipa a cada uno para cumplir esa función. En el Nuevo

Testamento el equipar es llamado un "don". *Un don espiritual es una habilidad dada por Dios y fortalecida por el Espíritu Santo para cumplir la función específica dentro del cuerpo que Dios ha asignado a cada uno de nosotros.* Los dones espirituales son distintos a las habilidades naturales, aunque los dones frecuentemente incorporan alguna habilidad natural. Aunque dones y las habilidades son regalos de Dios, los dones están específicamente relacionados a la función que Dios nos ha asignado en el cuerpo.

En su discurso acerca de los dones espirituales en Romanos 12:3-8, Pablo, usando la analogía del cuerpo físico, dijo: "Pues así como cada uno de nosotros tiene un solo cuerpo con muchos miembros, y no todos estos miembros desempeñan la misma función, también nosotros, siendo muchos, formamos un solo cuerpo en Cristo... Tenemos dones diferentes, según la gracia que se nos ha dado" (versículos 4-6). Note la relación entre función y don. Todos tenemos funciones diferentes y, consecuentemente, dones diferentes que nos ayudan a cumplir esas funciones.

Nuestros dones siempre son consistentes con nuestras funciones. Si vemos la iglesia de Jesucristo como su *cuerpo,* entonces reconocemos que somos miembros de ese cuerpo, compartiendo juntos una vida en común con Cristo y usando nuestros dones espirituales para servirnos el uno al otro; apoyándonos mutuamente el uno al otro en la fe. Si vemos a la iglesia como una empresa espiritual comprometida a llevar a cabo la Gran Comisión de Cristo de hacer discípulos en todas las naciones, entonces somos llamados por Dios a ser un equipo de socios dedicados y activamente envueltos en este esfuerzo. Ya sea ayudando a hacer crecer el cuerpo de Cristo o alcanzando a aquellos que aún no tienen a Cristo, cada uno de nosotros tenemos una función que cumplir, y hemos recibido los dones necesarios para cumplirla.

## PRINCIPIOS DE LOS DONES ESPIRITUALES

Habiendo visto que todos tenemos una función en el cuerpo y los dones correspondientes para cumplirla, necesitamos considerar ciertas realidades básicas o principios con respecto a los dones espirituales.

(1) *El propósito de todos los dones espirituales es servir a otros y glorificar a Dios.* Consideremos 1 Pedro 4:10, junto con el versículo 11: "Cada uno ponga al servicio de los demás el don que haya recibido... Así Dios será en todo alabado por medio de Jesucristo". De acuerdo con Pedro, hay dos objetivos en el uso de nuestros dones: el servir a otros y el glorificar o alabar a Dios. También se refirió a nosotros como administradores en el uso de nuestros dones: "Cada uno ponga al servicio de los demás el don que ha recibido, como buenos administradores de la multiforme gracia de Dios" (1 Pedro 4:10, RVA). Cuando es usado en este sentido, "administrador" se refiere a una persona quien maneja la propiedad de otro, las finanzas u otros asuntos. Nuestros dones no son nuestra propiedad para usarlos como queramos; son confiados a nosotros por Dios para que los usemos con otros y para su gloria como él lo indique.

No hay lugar en el uso de los dones espirituales para buscar el reconocimiento, la fama o los logros personales. Algunos dones por su naturaleza son más públicos que otros, entonces son más propensos a resultar en reconocimiento. Esto puede ser cierto, por ejemplo, con los dones de la enseñanza y la música. Estas personas ejercitan sus dones "enfrente". Todos saben quiénes son. Hay otros quienes ejercitan su don de servir asegurándose de que el aspecto físico de un templo o un campo de ministerio sea el mejor y que todo funcione apropiadamente. Casi nadie ve el trabajo que ellos hacen. De hecho, mientras hagan bien su trabajo, pocas personas van a pensar en esto; simplemente lo van a dar por hecho.

Sin embargo, mientras que mantengamos en mente el propósito de estos dones, no debemos preocuparnos por el reconocimiento o la fama. Buscaremos usar nuestros dones como buenos administradores encargados por la gracia de Dios usándolos para servir a otros y para glorificarlo a él. Ya sea que nuestro don se vea en público —como el de enseñar— o que sea un don no muy notable públicamente —como el de servir—, el objetivo es que Dios sea "en todo alabado por medio de Jesucristo".

(2) *Cada cristiano tiene un don y cada don es importante.* Como ya se ha dicho, Dios asignó a cada creyente una función en el cuerpo de Cristo y consecuentemente la habilidad para cumplir esa función. Necesitamos subrayar este punto. Dios ha dado un don espiritual a cada creyente individual en el cuerpo de Cristo. Pablo dijo: "A cada uno se le da una manifestación especial del Espíritu para el bien de los demás" (1 Corintios 12:7). Es importante que reconozcamos este hecho porque muchos cristianos parecen tener la actitud de que no tienen un don.

No sólo que cada uno tiene un don, sino también cada don es importante. Nuevamente, tendemos a reconocer al don más notorio como el más importante y el menos notorio como el menos importante. El apóstol Pablo anticipa esta tendencia cuando imagina al pie diciendo: "Como no soy mano, no soy del cuerpo", y a la oreja diciendo: "Como no soy ojo, no soy del cuerpo" (1 Corintios 12:15, 16). Aquí Pablo tiene en mente a la persona con el don menos notable comparándose con la persona que posee el don más notable, para luego sentir que no tiene ningún don.

Por supuesto también está el peligro de que aquellos con los dones más públicos descuiden o empequeñezcan secretamente la contribución al cuerpo de aquellos con dones menos notables. Una vez más, Pablo anticipa esta tendencia en 1 Corintios 12:21 cuando dice: "El ojo no puede decirle a la mano: 'No te necesito'. Ni puede la cabeza decirles a los pies: 'No los necesito' ". Todos necesitamos las contribuciones de todos en el cuerpo. Al igual que algunas funciones en el cuerpo humano son, en cierto sentido, más importantes que otras, también lo es con algunos dones en el cuerpo de Cristo. Pablo parece reconocer esto en los versículos 28-31 de 1 Corintios 12. Pero esto no cambia el hecho de que *todos* los dones son importantes. Quizá algunos pudieran parecer más importantes que otros, pero finalmente todos son importantes. Así que, sea que tengamos el don menos importante o el don más importante, no tengamos envidia de otros ni despreciemos a otros. Necesitamos reconocer que cada don es necesario en el cuerpo y es importante para Dios.

(3) *Los dones son otorgados soberanamente por Dios.* Así como Dios asigna ciertas funciones en el cuerpo, también nos otorga nuestros dones. Hablando de dones, en 1 Corintios 12:11, Pablo dice: "Todo esto lo hace un mismo y único Espíritu, quien reparte a cada uno según él lo determina". Una vez más, usando el cuerpo físico como analogía,

Pablo afirma en el versículo 18: "Dios colocó cada miembro del cuerpo como mejor le pareció". La inferencia obvia es que al igual que Dios soberanamente colocó las partes del cuerpo físico, también soberanamente nos colocó como partes individuales del cuerpo de Cristo.

Quizá este principio parezca demasiado obvio, pero considere sus implicaciones y aplicaciones. Usted posee los dones que tiene porque el Dios soberano del universo quiso que usted fuera así. Él ordenó un plan para su vida antes de que usted naciera, y le ha dado el don o los dones específicos para llevar a cabo ese plan. Nunca desacredite su don. Si lo hace, está desacreditando el plan de Dios y quizás quejándose contra él. De la misma manera, nunca desvalorice el don de otra persona. Si lo hace, está menospreciando el plan de Dios para esa persona.

Dios no sólo determina qué don (o dones[2]) tenemos cada uno; sino que él también determina la medida o magnitud de ese don. Dos personas pueden tener el mismo don pero en diferente medida. Consideremos dos maestros o maestras de la Palabra con los mismos dones; una de estas personas trabajando en la oscuridad mientras la otra gozando de un reconocimiento extendido. ¿Por qué la diferencia? Creo que la explicación usual es que las dos personas tienen dones en la misma área, pero una tiene más dones que la otra. Los dos dones están siendo llevados a cabo bajo la soberana providencia de Dios.

Jesús habló de tres sirvientes que recibieron diferentes cantidades de "talentos", cada uno de acuerdo con su habilidad (ver Mateo 25:14-30). Un "talento" bíblico no era una habilidad mental o física, sino una suma de dinero, un poco más de mil dólares. Cada uno de los sirvientes debía invertir cierta cantidad de dinero para poder ganar interés. Aparentemente, cada sirviente tenía el mismo llamado a invertir el dinero. Pero tenían diferentes grados de habilidad dentro de ese llamado, y por eso recibieron diferentes grados de responsabilidad de acuerdo con sus habilidades.

Lo mismo pasa con los dones espirituales. Dios nos da no sólo el don particular que tenemos, sino también la medida de ese don. Luego nos hace responsables del uso de ese don en su medida completa. La persona quien tiene una gran medida de un don específico, tiene más responsabilidad sobre él.

"A todo el que se le ha dado mucho, se le exigirá mucho" (Lucas 12:48). Los tres sirvientes en la parábola de los talentos fueron juzgados no en relación el uno con el otro, sino de acuerdo a cómo usaron lo que les fue dado.

(4) *Cada don es dado por la gracia de Dios.* La palabra griega para un don espiritual es *charisma,* la cual significa "un don de la gracia de Dios", ya sea el don de la vida eterna como en Romanos 6:23, o el don de una habilidad espiritual para ser usada en el cuerpo. Pablo dijo: "Tenemos dones diferentes, según la *gracia* que se nos ha dado" (Romanos 12:6, énfasis agregado); y Pedro dijo: "Cada uno ponga al servicio de los demás el don que haya recibido, administrando fielmente la *gracia* de Dios en sus diversas formas" (1 Pedro 4:10, énfasis agregado). Ninguno de nosotros merecemos el don que se nos ha dado. Todos los dones son dados por el favor inmerecido de Dios a través de Cristo.

En Efesios 3:7, 8, Pablo testificó abiertamente que él no merecía ser un apóstol de Jesucristo:

De este evangelio llegué a ser servidor como regalo que Dios, por su gracia, me dio conforme a su poder eficaz. Aunque soy el más insignificante de todos los santos, recibí esta gracia de predicar a las naciones las incalculables riquezas de Cristo.

De acuerdo con este principio, el más digno y el más indigno de todos los cristianos reciben su don con la misma base. La persona indigna por supuesto no merece este don, pero tampoco la más digna. Las dos reciben favores inmerecidos de Dios. La persona más dotada no debe pensar que es tan talentosa gracias a su trabajo o a su fidelidad en un servicio previo a Dios. Al mismo tiempo, la persona que siente que ha perdido gran parte de su vida y que consecuentemente no se merece ningún don espiritual, no debe desesperarse. Pablo dijo que recibió su don aunque era el que menos lo merecía en el pueblo de Dios. Digno o indigno, no hay diferencia. Todos los dones son dados por la gracia de Dios.

(5) *Todo don debe de ser desarrollado y ejercitado.* Aunque los dones son dados por la gracia de Dios, es nuestra responsabilidad desarrollarlos y ejercitarlos. Pablo exhortó a Timoteo a que vuelva a encender o avivar "la llama del don de Dios"; y otra vez Pablo le dijo: "Ejercita el don que recibiste" (2 Timoteo 1:6; 1 Timoteo 4:14).

Para poder ejercitar efectivamente nuestros dones espirituales, aunque son soberana y amablemente concedidos, debemos desarrollarlos y usarlos. El uso efectivo de nuestros dones no ocurre sin un esfuerzo diligente de nuestra parte. Timoteo ya tenía el don de enseñar, pero Pablo no vaciló en urgirle a que fuera diligente al presentarse a Dios como un obrero quien podía manejar correctamente la

Palabra de verdad. Y en 1 Timoteo, después de exhortar a Timoteo a no descuidar su don, Pablo dijo: "Sé diligente en estos asuntos; entrégate de lleno a ellos" (1 Timoteo 4:15). El uso del don de Timoteo no era asunto de indiferencia. Él tenía que rendir cuentas a Dios por su desarrollo y su uso.

Esto significa trabajo duro. La persona con el don de enseñanza debe estudiar mucho para aprender la verdad de Dios y luego esforzarse diligentemente para comunicarla en una manera clara e inspiradora. La persona con el don de servicio debe luchar para llegar a ser competente y eficiente en el área particular de servicio para poder asegurar que los resultados de su labor reflejen un estándar de excelencia que glorifica a Dios. No hay lugar para enseñar mal o servir mal en el reino de Dios.

El creyente con el don de la misericordia debe estudiar cómo usar este don de manera que mejor alivie el sufrimiento y la miseria de otros. La persona quien tiene el don de liderazgo debe estudiar los principios de liderazgo para así poder usar este don efectivamente; y luego, como Pablo dijo, debe gobernar diligentemente. El simple hecho de tener el don espiritual no significa que automáticamente podemos cumplir nuestra función en el cuerpo sin un esfuerzo diligente, sino que somos responsables por desarrollar y usar estos dones que Dios nos ha dado.

(6) *El uso efectivo de cada don depende de la fe en Cristo.* Aunque los dones son concedidos soberanamente, y su uso efectivo requiere trabajo duro y esfuerzo diligente, también es verdad que ningún don es ejercitado aparte de la fe en Cristo. No podemos pretender la bendición de Dios en nuestros esfuerzos aunque estemos obrando dentro de los

límites de los dones que él nos ha dado. La necesidad de una dependencia consciente de Cristo para recibir su poder es un hecho fundamental para cada aspecto de la vida cristiana, ya sea en el crecimiento espiritual en nuestra propia vida o en el servicio dentro del cuerpo. Jesús dijo: "...separados de mí no pueden ustedes hacer nada" (Juan 15:5).

Hablando de sus diligentes esfuerzos, Pablo le escribió a los creyentes en Colosas: "Con este fin trabajo y lucho fortalecido por el poder de Cristo que obra en mí" (Colosenses 1:29). Pablo trabajó diligentemente en ejercitar sus dones. De hecho, como ya hemos visto, él describió su labor como "lucha". Pero también confió en Cristo. El apóstol perseverante luchó con la energía que Cristo infundió en él mientras trabajaba dependiendo de él.

Mantener la perspectiva apropiada de una responsabilidad personal diligente y una actitud de dependencia total en Cristo para su poder requiere constante vigilancia en dos direcciones. Por un lado, podemos ser culpables de ser perezosos en el desarrollo o uso de nuestros dones bajo el pretexto de que estamos "confiando en el Señor". Por otro lado, podemos dar por sentado la bendición de Dios al tratar de usar nuestros dones en la fortaleza de nuestras propias habilidades o en el hecho de que lo hemos "hecho muchas veces".

(7) *Sólo el amor le dará verdadero valor a nuestros dones.* En cualquier discusión de los dones espirituales debemos dar cuidadosa atención al hecho de que el pasaje clásico de la Escritura acerca del amor cristiano, 1 Corintios 13, está justo en el medio del tratamiento más extenso de los dones espirituales en la Biblia. Ya hemos visto brevemente 1 Corintios 13 en el capítulo 11 de este libro, pero aquí quiero que lo veamos en relación con el ejercicio de nuestros dones. En la pri-

mera parte de 1 Corintios 13, Pablo nos dice que aunque poseamos el más grande de los dones, tengamos la fe más extraordinaria, y mostremos una enorme cantidad de fervor y valor, si no tenemos amor no somos nada y no logramos nada.

No es que Pablo ponga al amor por sobre los dones espirituales o el fervor cristiano como si el amor fuera más importante que los dones, la fe o el fervor. Más bien, él dice que es el amor lo que da valor a estas otras áreas. Los dones y rasgos de carácter que Pablo menciona en 1 Corintios 13:1-3 no son insignificantes o triviales. No importa lo que pensemos acerca del otorgamiento y el uso de algunos de estos dones hoy día; el hecho es que en los días de Pablo los dones de lenguas y profecías eran los más codiciados. ¿Y quién de nosotros no desearía tener la fe que puede mover montañas o el espíritu sacrificial que nos lleva a dar nuestros bienes a los pobres o el valor espiritual que ayuda al mártir a soportar las llamas?

Pero Pablo simplemente dijo, no una sino tres veces, que sólo el amor le da valor a nuestros dones, a nuestra fe y a nuestro fervor. Si ponemos todo nuestro corazón sólo en el ejercicio de nuestros dones, en el aumento de nuestra fe, y en la promoción de nuestro fervor y valor, sin buscar crecer en el amor, seremos nada y no lograremos nada. Generaremos gran actividad cristiana, ganaremos cierta medida de fama, y aun parecerá que logramos algo para Dios. Pero si no tenemos amor, no llega a ser nada.

Escriba, ya sea en su imaginación o en un papel, una línea de ceros. Continúe agregando ceros hasta haber llenado una línea entera en el papel. ¿Qué es la suma de estos? ¡Exactamente nada! Aunque escribiera mil de ellos, seguirían siendo nada. Pero ponga un número positivo enfrente de esos ceros y de inmediato tienen valor. De la misma manera sucede con nuestros dones, con nuestra fe y con nuestro fervor. Son los ceros en la página. Sin el amor, cuentan como nada. Pero ponga amor enfrente de ellos y de inmediato tienen valor[3]. Y así como el número dos le da más valor a una línea de ceros que el número uno, más y más amor puede agregar un valor mucho mayor a nuestros dones.

Note cómo Pablo describe el amor en 1 Corintios 13:4-7. Cada descripción trata con el área de las relaciones interpersonales. Uno esperaría por el contexto más amplio que Pablo quizás quiere instruirnos en cómo profetizar en amor, cómo ejercer la fe en amor, y en cómo dar sacrificialmente en amor, pero no hace esto. En vez de eso habla de ejercitar paciencia y de mostrar bondad el uno con el otro. Habla del amor que elimina la envidia, la jactancia, las groserías y el egoísmo. Dice que el amor no es rápido para enojarse y que no mantiene una lista de los errores. Pablo ha pasado del tema de los dones al tema de las relaciones.

¿Qué nos está diciendo a través de este sutil cambio de tema? Sólo esto: El amor debe permear y gobernar cada aspecto de nuestra vida. El amor no debe ser ejercitado sólo en el uso de nuestros dones y en el cumplimiento de nuestros deberes cristianos. El amor debe ser ejercitado en el hogar, o en la oficina, o en la clase donde nuestros dones no tienen una consideración particular. El amor debe ser ejercitado todo el tiempo en los deberes más mundanos de la vida, no sólo cuando estamos envueltos en obras cristianas. Por otro lado, la ausencia del amor en los deberes ordinarios y en las relaciones de la vida puede socavar y destruir el uso efectivo de nuestros dones.

## RECONOCIENDO LOS DONES

Cuando nos comprometemos verdaderamente a la voluntad de Dios, podemos estar seguros de que él dirigirá el curso de nuestra vida y cumplirá nuestra función en el cuerpo de Cristo. A través del tiempo, sin embargo, es importante que evaluemos periódicamente cómo Dios ha dirigido nuestra vida en el servicio a otros en el cuerpo. Si vamos a desarrollar nuestros dones, debemos saber cuáles son.

Pablo nos urge a evaluar nuestros dones en Romanos 12:3 cuando dice: "Por la gracia que se me ha dado, les digo a todos ustedes: Nadie tenga un concepto de sí más alto que el que debe tener, sino más bien piense de sí mismo con moderación, según la medida de fe que Dios le haya dado". El contexto de este pasaje indica que este es un llamado a evaluar seriamente nuestros dones. ¿Cómo, entonces, podemos evaluar a Dios dirigiendo nuestra vida y reconocer los dones que él nos ha dado para el bien del cuerpo?

Aunque no puede darse fórmula alguna, hay varias sugerencias que nos son de ayuda al evaluar nuestros dones. Primero, tenemos que estar seguros de que estamos comprometidos a hacer la voluntad que Dios ha ordenado para nosotros. Se ha dicho que el 90 por ciento de encontrar la voluntad de Dios está en nuestro deseo de hacerlo. Dado que la voluntad de Dios para nosotros es consistente con sus dones para nosotros, podemos también decir que un compromiso a *hacer* lo que Dios quiere que hagamos es necesario para determinar cuáles son nuestros dones. Note, sin embargo, que este deseo es un deseo de hacer la voluntad de Dios y un deseo de cumplir nuestra función en el cuerpo. No es un deseo de descubrir algo acerca de nosotros; esto es, de descubrir cuáles son nuestros dones. En cambio, es un deseo de hacer lo que Dios nos ha designado a hacer en el cuerpo de Cristo.

Suponiendo que usted ya está comprometido a hacer la voluntad de Dios, considere cómo él lo ha guiado providencialmente. ¿Qué le ha dado para hacer? e, igual de importante, ¿qué no le ha dado para hacer? ¿Qué servicio como parte del cuerpo ha desarrollado en el cual ha visto sus bendiciones a través de sus esfuerzos? ¿Qué oportunidades para servir se le han abierto? ¿Qué oportunidades se le han cerrado?

Considere también sus habilidades naturales y su temperamento. Aunque las habilidades naturales no son lo mismo que los dones espirituales, es cierto que los dones espirituales se basan en algunas de nuestras habilidades y rasgos de temperamento. Por ejemplo, yo considero que tengo el don de enseñar. El don de enseñar presupone, entre otras cosas, la habilidad de estudiar y de organizar el fruto del estudio. Siempre he sido un estudiante nato, por intelecto y por temperamento. Estoy mucho más cómodo con ideas y conceptos que con herramientas y materiales de construcción. El don de enseñar se basa en mi habilidad natural y mi temperamento.

Una palabra de precaución es necesaria en este momento: Las habilidades naturales y los temperamentos no siempre son un indicador seguro de los dones. Muchas habilidades naturales para la música y varias habilidades creativas han sido enterradas en el campo de las misiones porque la persona fue llamada por Dios a realizar un trabajo misionero pionero. Nuestras habilidades y aun nuestro temperamento tienen que dejarse al pie de la cruz para que Dios los tome y use en nuestra vida o, si él así lo decide, los deje al pie de la cruz.

Quizá el criterio más importante para evaluar su don sea la confirmación de otros cristianos. El ejercitar su don espiritual debe dar como resultado un servicio y una bendición para otros. Ellos saben si usted les ha ministrado. Si lo ha hecho, se lo harán saber, ya sea con palabras de agradecimiento y aliento o por medio de una petición de que les ministre otra vez. Finalmente, puede buscar confirmación de lo que cree que son sus dones al preguntarle a cristianos que respeta, a personas que conoce suficientemente bien como para ayudarle en su evaluación.

Cualquiera que sea su don, puede estar seguro o segura de que encontrará gozo y satisfacción plena cuando ejercite y comparta con otros en el cuerpo el don o los dones que Dios le ha dado.

# Capítulo 14

# Adorando
# a Dios

TODOS NOS hemos preguntado: ¿Qué haremos en la eternidad? No estaremos evangelizando, porque estaremos sólo en compañía de los redimidos. No estaremos discipulando porque todos los redimidos ya habrán sido perfectamente conformados a la semejanza de Cristo. De hecho, cada actividad cristiana en esta vida será completada, excepto una. La excepción es la *adoración*. Al leer el libro de Apocalipsis y ver varias escenas del cielo, una cosa es evidente: la adoración es algo continuo. Así que, si queremos crecer en madurez espiritual, necesitamos aprender a adorar en esta vida. Tenemos que aprender a hacer imperfectamente ahora lo que vamos a hacer perfectamente en la eternidad.

¿Qué es adoración? En la Escritura la palabra *adoración* es usada para denotar todo un estilo de vida y una actividad específica. Cuando el profeta Jonás dijo: "Soy hebreo y temo al SEÑOR, Dios del cielo, que hizo el mar y la tierra firme" (Jonás 1:9), estaba hablando de su manera de vida total. En contraste, el Salmo 100:2 dice: "Adoren al SEÑOR con regocijo. Preséntense ante él con cánticos de júbilo". El salmista habla aquí de una actividad específica de adoración a Dios. En este sentido es como usamos normalmente la palabra *adoración* hoy.

Estos dos conceptos de adoración, uno amplio y el otro más estrecho y específico, corresponden a las dos maneras por las cuales glorificamos a Dios. Glorificamos a Dios al atribuirle el honor y la adoración que se merece: el concepto estrecho de la adoración. También glorificamos a Dios al reflejar su gloria a otros: la manera más amplia de la adoración como un estilo de vida.

## LA ADORACIÓN COMO UN ESTILO DE VIDA

Miremos cómo Pablo nos habla acerca de este concepto amplio en un versículo conocido: "Por lo tanto, hermanos, tomando en cuenta la misericordia de Dios, les ruego que cada uno de ustedes, en adoración espiritual, ofrezca su cuerpo como sacrifico vivo, santo y agradable a Dios" (Romanos 12:1). El ofrecer nuestros cuerpos como sacrificio vivo es adorar a Dios. La intención de Pablo no fue sólo el cuerpo físico, sino el ser entero, como se ve en Romanos 6:13, donde él habla de ofrecernos a Dios y ofrecer las partes del cuerpo a él como instrumentos de justicia.

El ofrecer nuestro cuerpo a Dios incluye necesariamente el ofrecer también la mente, las emociones y la voluntad a él. Es la dedicación incondicional del corazón, la mente, las palabras y las acciones a Dios; en efecto, todo lo que somos, tenemos y hacemos. Es un estilo de vida total. Pablo le llamó nuestra adoración espiritual.

Tratar de adorar a Dios solamente en el sentido limitado de alabarle sin buscar adorarle en nuestra vida es hipocresía. Jesús les reprochó a los fariseos porque estaban repitiendo ademanes externos de adoración, pero sus corazones no estaban comprometidos con Dios.

Les dijo: "¡Hipócritas! Tenía razón Isaías cuando profetizó de ustedes: 'Este pueblo me honra con los labios, pero su corazón está lejos de mí. En vano me adoran; sus enseñanzas no son más que reglas humanas' " (Mateo 15:7-9).

No puedo juzgar los corazones de las personas, pero parece que nuestra comunidad cristiana hoy día está llena de gente que parece adorar a Dios el domingo pero viven para sí mismos el resto de la semana. No estoy sugiriendo que viven una vida de pecado repugnante. Al contrario, la mayoría de ellos viven vidas altamente respetables; de otra manera no estarían en la iglesia los domingos por la mañana. Pero no viven para la gloria de Dios durante la semana. Viven para el cumplimiento de sus propias metas, viven para sí mismos.

Ya que todo lo que hemos cubierto en este libro hasta ahora habla de la adoración como un estilo de vida, desde ahora en adelante en este capítulo nos concentraremos en la definición más limitada de adoración. Pero es importante entender que un estilo de vida de adoración es la base necesaria para toda alabanza y adoración tanto privada como colectiva.

## LA ADORACIÓN COMO ALABANZA Y VENERACIÓN

¿Qué realmente es la adoración en el sentido de la alabanza y la veneración? El puritano Stephen Charnock la llamó: "nada más que rendirle a Dios el honor que se merece"[1]. John MacArthur la definió como: "*honor* y veneración dirigidos a Dios"[2]. A.W. Tozer nos dio un significado más amplio. Él dijo: "Dios quiere cultivar dentro de nosotros la *adoración* y *admiración* de las cuales él es digno. ¡Quiere que nos *asombremos* de la elevación concebible, la magnitud y el esplendor del omnipotente Dios!"[3]. Note las palabras que enfaticé en estas citas: *honor, adoración, admiración y asombremos.*

Una de las mejores descripciones bíblicas de adoración es el Salmo 29:1, 2:

> Tributen al SEÑOR, seres celestiales,
> tributen al SEÑOR, la gloria y el poder.
> Tributen al SEÑOR la gloria que merece su nombre;
> póstrense ante el SEÑOR en su santuario majestuoso.

Esta es la esencia de la adoración: *Tributen al SEÑOR la gloria que merece su nombre.* Antes de que podamos hacer esto, sin embargo, tenemos que entender algo de la gloria que él se *merece.* Tenemos que empezar a comprender su grandeza, su soberanía, su santidad, su sabiduría y su amor. Tenemos que meditar en y orar sobre pasajes de la Escritura como: Isaías 6:1-8; Isaías 40; Daniel 4:34, 35; Salmo 104; y 1 Juan 4:8-10 que nos enseñan acerca de estos atributos.

En el pasaje de Daniel, note cómo Nabucodonosor adoró a Dios después de sus siete años de locura:

> Pasado ese tiempo yo, Nabucodonosor, elevé los ojos al cielo, y recobré el juicio. Entonces alabé al Altísimo; honré y glorifiqué al que vive para siempre:
>   Su dominio es eterno;
>   su reino permanece para siempre.
>   Ninguno de los pueblos de la tierra

merece ser tomado en cuenta.
Dios hace lo que quiere
con los poderes celestiales
y con los pueblos de la tierra.
No hay quien se oponga a su poder
ni quien le pida cuentas de sus actos (Daniel 4:34, 35).

Nabucodonosor alabó, honró y glorificó a Dios. Él reconoció lo eternal de la persona de Dios, su dominio o gobierno, y su soberanía absoluta. Luego pasa a exaltar las virtudes y la justicia de Dios en el versículo 37:

Por eso yo, Nabucodonosor, alabo, exalto y glorifico al Rey
del cielo, porque siempre procede con rectitud y justicia, y
es capaz de humillar a los soberbios.

Nabucodonosor no discutió con Dios acerca de los castigos severos que recibió de la mano de Dios. En cambio, alabó la justicia de Dios. Sabía que había recibido lo que se merecía. Al mismo tiempo, podemos asumir que alabó a Dios por su misericordia, la que había experimentado al haber sido restaurado a su reino y, probablemente, al haber llegado a un encuentro genuino de conversión con el Dios viviente.

La enseñanza aquí es que, para poder rendir una adoración de corazón a Dios, debemos reconocer en la profundidad de nuestro ser su majestad, su santidad y su amor; de otra manera, nuestra alabanza y adoración serán no más que palabras vacías.

¿No es esta la razón por la cual mucho de nuestra adoración hoy día es tan anémica y descorazonada? No es probable que tengamos la clase de encuentro que tuvo Nabucodonosor, pero podemos tener un encuentro con Dios a través de su Palabra al meditar en ella y orar sobre ella, pidiéndole al Espíritu Santo que revele a nuestros corazones la gloria de Dios como la vemos en sus atributos infinitos. Debemos hacer esto si vamos a adorar a Dios en la manera que él se merece.

## ACCIÓN DE GRACIAS SINCERA

Se ha dicho que alabamos a Dios por lo que él *es* y le agradecemos por lo que él *hace* por nosotros. Tan precisa distinción entre la alabanza y la gratitud quizá no es sabia, pero la declaración sí llama la atención al hecho de que la acción de gracias es una parte importante de la alabanza.

En Romanos 1:18, Pablo habla de "toda impiedad e injusticia de los seres humanos", lo cual ha traído la ira de Dios. Luego nos dice cómo empezó toda esa impiedad y maldad: "A pesar de haber conocido a Dios, no lo glorificaron como a Dios ni le dieron gracias" (versículo 21). La maldad de ellos vino como resultado de su fracaso en adorar a Dios; su fracaso de darle a Dios la gloria y gratitud que se merece.

El relato de Lucas de los diez leprosos que clamaron para que Jesús los sanara es una historia que nos ayuda a ver lo importante que es la gratitud en nuestra adoración. Jesús les dijo: "Vayan a presentarse a los sacerdotes" (Lucas 17:14). Al ir de camino fueron sanados.

> Uno de ellos, al verse ya sano, regresó alabando a Dios a grandes voces. Cayó rostro en tierra a los pies de Jesús y le

dio las gracias, no obstante que era samaritano. ¿Acaso no quedaron limpios los diez? —preguntó Jesús—. ¿Dónde están los otros nueve? ¿No hubo ninguno que regresara a dar gloria a Dios, excepto este extranjero?" (Lucas 17:15-18).

Diez fueron limpiados; sólo uno regresó a dar gracias. Jesús enfatiza la innecesaria disparidad entre los muchos y el uno: *¿Dónde están los otros nueve?* La lección es obvia. Dios nota cuando tomamos tiempo para agradecerle y cuando no lo hacemos.

Creo que Dios también toma nota de la sinceridad y profundidad del significado que ponemos en nuestro agradecimiento. La expresión "Gracias" cubre una cantidad enorme de situaciones, desde la más ordinaria que surge en un instante hasta aquellas con significado eterno. Yo puedo decir "gracias" a una amistad por dejarme usar su lapicero por un momento. Uso la misma palabra para agradecerle a Dios por mi salvación, la cual tiene consecuencia eterna. ¿Cómo puedo distinguir entre estas dos situaciones de bondad infinitamente diferentes cuando debo usar la misma palabra para expresar mi agradecimiento en ambos casos?

La respuesta está en la profundidad del significado que le ponemos a las palabras. El decir con mucha emoción a mi amistad que me permite usar el lapicero: "gracias, con todo mi corazón", sería muy efusivo e inapropiado. Pensaría que soy medio raro. Pero decirle esas palabras a Dios con un sentir profundo no sólo es apropiado sino que, además, es lo menos que podemos hacer.

El ser sanados de lepra —o de cáncer en nuestro tiempo— cae entre el pedir prestado un lapicero y el regalo de la vida eterna. Obviamente, el regalo de la vida eterna es mucho más significativo que ser sanado de cáncer. Al mismo tiempo, ser sanado de cáncer es mucho *menos* significativo que tener vida eterna. Si tuviéramos que escoger entre ser sanados de cáncer y recibir vida eterna, la decisión para cualquier cristiano sería fácil. ¿Cada cuánto expresamos nuestra gratitud a Dios por el regalo de la vida eterna con la misma profundidad del leproso quien "regresó alabando a Dios a grandes voces" y quien "cayó rostro en tierra a los pies de Jesús y le dio gracias"?

David también combina la alabanza y la gratitud en su bella oración de adoración como está registrada en 1 Crónicas 29:10-14:

Entonces David bendijo así al SEÑOR en presencia de toda
la asamblea:
"¡Bendito seas, SEÑOR,
Dios de nuestro padre Israel,
desde siempre y para siempre!
Tuyos son SEÑOR,
la grandeza y el poder,
la gloria, la victoria y la majestad.
Tuyo es todo cuanto hay
en el cielo y en la tierra.
Tuyo también es el reino,
y tú estás por encima de todo.
De ti proceden la riqueza y el honor;
tú lo gobiernas todo.
En tus manos están la fuerza y el poder,
y eres tú quien engrandece y fortalece a todos.
Por eso, Dios nuestro, te damos gracias,
y a tu glorioso nombre tributamos alabanzas.

Pero, ¿quién soy yo, y quién es mi pueblo, para que podamos darte estas ofrendas voluntarias? En verdad, tú eres el dueño de todo, y lo que te hemos dado, de ti lo hemos recibido".

David empezó alabando a Dios por su gloria incomparable. Note cómo él acumula palabras de alabanza y adoración: *grandeza, poder, gloria, majestad y esplendor*. David no era simplemente elocuente. Estaba derramando alabanzas sinceras. Él reconoció aquí lo que vemos en el Salmo 24:1: "Del SEÑOR es la tierra y todo cuanto hay en ella…". Reconoció la soberanía de Dios: "Es el Señor Todopoderoso". Y confesó que toda riqueza y honor provienen de Dios. Luego agradeció a Dios por la habilidad de ser tan generoso. De hecho, afirmó explícitamente que todo lo que él y sus oficiales dieron para la construcción del templo era sólo devolverle a Dios lo que inicialmente provino de su mano.

Es difícil separar la gratitud de la alabanza en nuestra adoración. Una práctica preferible es unirlas, como vemos en el Salmo 100:4, 5:

Entren por sus puertas con acción de gracias;
vengan a sus atrios con himnos de alabanza;
denle gracias, alaben su nombre.
Porque el SEÑOR es bueno y su gran amor es eterno;
su fidelidad permanece para siempre.

## LA ADORACIÓN PRIVADA

Tanto la adoración privada como la colectiva, aquella que hacemos individualmente y aquella que hacemos con otros creyentes, se enseñan en la Escritura. Por ejemplo, David dice en el Salmo 69:30: "Con cánticos alabaré el nombre de Dios; con acción de gracias lo exaltaré". Aquí David se refiere a su propia adoración personal.

Si no estamos dedicando tiempo diariamente para adorar a Dios, no estamos listos para contribuir a la experiencia colectiva de la adoración. Si no estamos adorando a Dios durante la semana, ¿cómo podemos esperar participar de corazón en la adoración el domingo por la mañana? Podemos, por supuesto, hacer los movimientos y pensar que hemos adorado, pero ¿cómo podemos honrar y adorar el domingo a aquél a quien no hemos tomado el tiempo de alabar y agradecer durante la semana?

En contraste con aquél que adora una vez por semana (y esta frase en sí es una contradicción), David adoraba continuamente a Dios. Él dijo: "Bendeciré al Señor en *todo tiempo;* mis labios siempre lo alabarán" (Salmo 34:1, énfasis agregado).

Una vez más, en el Salmo 145:1, 2, él le dijo a Dios: "Te exaltaré, mi Dios y rey; por siempre bendeciré tu nombre. *Todos los días* te bendeciré; por siempre alabaré tu nombre (énfasis agregado)".

Continúa diciendo: "Grande es el SEÑOR, y digno de toda alabanza; su grandeza es insondable" (versículo 3). En estas palabras sentimos la profundidad de su sentimiento, una emoción que no puede ser "inyectada" con una visita a la casa de Dios una vez por semana.

## ELEMENTOS ESENCIALES DE LA ADORACIÓN

Jesús explicó claramente el primer elemento esencial de la adoración cuando le dijo a la mujer samaritana: "Dios es espíritu, y quienes lo adoran deben hacerlo en espíritu y en verdad" (Juan 4:24).

El "espíritu" con el cual Jesús dice que debemos adorar a Dios es el espíritu humano. Es a lo que Pablo a menudo se refiere como el corazón. Adoración no es sólo un acto externo. La adoración verdadera debe venir del corazón, y reflejar una actitud y un deseo sinceros.

Jesús dijo que también debemos adorar "en verdad". Nuestra adoración debe estar en armonía con lo que Dios nos ha revelado de sí mismo en su Palabra. Es posible tener fervor sin conocimiento (Romanos 10:2). Por ejemplo, si enfatizamos sólo una parte de los atributos de Dios —por decir, su misericordia y su amor— sin también enfatizar su soberanía y su santidad, no estamos adorando en verdad.

El segundo elemento esencial en la adoración es que debemos siempre venir a Dios a través de Cristo. Pablo es explícito acerca de esto: *"En él, mediante la fe,* disfrutamos de libertad y confianza para acercarnos a Dios" (Efesios 3:12, énfasis agregado); "Pues *por medio de él* tenemos acceso al Padre por un mismo Espíritu" (Efesios 2:18, énfasis agregado). Y habiendo venido a través de Cristo, podemos acercarnos a Dios con confianza: "tenemos plena libertad para entrar en el Lugar Santísimo" (Hebreos 10:19).

En la era del Antiguo Testamento había tres restricciones para entrar al lugar más santo del templo: *únicamente* el sumo sacerdote podía entrar, *sólo* una vez al año, y provisto *sólo* con la sangre que ofrecía por sí mismo y por los pecados cometidos por ignorancia por el pueblo (ver Hebreos 9:7). Pero ahora, dice el autor de Hebreos, todos los creyentes pueden entrar. De hecho, tenemos la *libertad* de entrar, lo cual implica acceso gratis y continuo.

Entonces, dos restricciones han sido removidas mientras que una permanece: *todavía debemos entrar a través de sangre*. Sólo que ahora no es la sangre de un cabrito pero la sangre de Jesús. Aunque hemos nacido de nuevo y aunque nuestros pecados —pasados, presentes y futuros— han sido perdonados, aún debemos acercarnos a Dios a través del mérito de Jesucristo. Nunca somos dignos por nosotros mismos de venir ante un Dios santo.

Debido a la presencia continua del pecado que mora en nuestro corazón y nuestra consecuente falta de obediencia perfecta, nunca somos dignos por nosotros mismos de venir a la presencia de Dios y de adorarle. Siempre debemos venir a través de Cristo. Como dijo Pedro: "…ofrecer sacrificios espirituales que Dios acepta *por medio de Jesucristo*" (1 Pedro 2:5, énfasis agregado).

El autor de Hebreos enseñó esta misma verdad: "*Por medio de Jesucristo,* un sacrificio de alabanza, es decir, el fruto de los labios que confiesan su nombre" (Hebreos 13:15, énfasis agregado). Es siempre por medio de Jesús que le ofrecemos a Dios sacrificio de alabanza. Nuestras expresiones más fervientes de adoración, en oración o en canto, son inaceptables a Dios si no son ofrecidas a través de su Hijo.

El tercer elemento esencial en la adoración es tener un corazón libre del pecado abrigado. David dijo: "Si en mi corazón hubiera yo abrigado maldad, el SEÑOR no me habría escuchado" (Salmo 66:18). El abrigar un pecado es el acto de aferrarse a una disposición pecaminosa o a un curso de acción que sabemos está mal. Quizá alguien nos ha hecho daño y sabemos que debemos perdonar así como el Señor nos perdonó. Pero aún así no estamos dispuestos a dejar el espíritu rencoroso. En vez, nos aferramos y lo alimentamos. No podemos adorar verdaderamente a Dios cuando estamos en ese estado de pecado.

Quizá estamos involucrados en alguna práctica comercial no muy ética que puede ser legal pero que no pasa la prueba del amor de tratar a otros como queremos ser tratados. Dentro de nuestro corazón sabemos que esta práctica no es correcta, pero no estamos dispuestos a dejarla por el costo financiero que esto implica. O quizá nos gusta chismear. El Espíritu Santo nos ha recriminado por esto muchas veces, pero nos gusta. Nos deleita, de una manera perversa, lastimar a otros porque nos hace sentir mejor acerca de nosotros mismos. Si estamos resistiendo la obra de convicción del Espíritu Santo, estamos abrigando al pecado en nuestro corazón, y no podemos adorar verdaderamente a Dios.

Permítame enfatizar que hay una gran diferencia entre luchar con el pecado y abrigar el pecado. Quizás usted desea sinceramente perdonar a otra persona. En su mente ha dicho muchas veces "la perdono", pero su propio corazón corrupto continúa trayendo aquél recuerdo negativo. Usted clama sinceramente a Dios para que le cambie, pero por alguna razón él permite que usted siga luchando. Esto no es abrigar al pecado; esto es luchar contra él. Lo que necesitamos hacer en este caso es apropiarnos de la sangre de Cristo para limpiar la conciencia y así adorar libremente (ver Hebreos 9:14).

## AYUDA EN LA ADORACIÓN

Quizá la idea de la adoración privada es nueva para usted. Siempre ha pensado en la adoración como algo que se hace los domingos en el templo con otros creyentes. Ahora puede ver la importancia de la adoración diaria privada, pero no sabe dónde empezar.

Lo primero que se debe hacer es decidir cuándo se va a hacer. Yo tengo mi tiempo de adoración personal en conjunción con mi tiempo de "comunión con el Padre", el cual tengo cada día antes del desayuno. Consciente y deliberadamente entro en su presencia por medio del mérito de Cristo, reconociendo mis pecados, suplicando por su sangre que limpia, y confesando que sólo a través de Cristo puedo llamar a Dios mi Padre.

El gozo de comprender que mis pecados son perdonados y soy aceptado por el Padre por medio de Cristo eleva mi ser a alabar y agradecer. Muchas veces uso una oración bíblica de alabanza como la de David en 1 Crónicas 29:10-14. Tomo el tiempo para agradecer a Dios por mi salvación y por la manera en que él me ha llevado en mi vida cristiana a través de los años. Considero dónde podría estar si no fuera que Dios intervino en mi vida en varios momentos.

Reflexiono en mis humildes principios cuando crecí como niño durante los años de la depresión en el seno de una familia trabajadora, y considero hasta dónde me ha traído Dios. Pienso en las palabras de Jacob que describen precisamente mi propia historia: "No soy digno de la bondad y fidelidad con que me has privilegiado. Cuando crucé este río Jordán, no tenía más que mi bastón; pero ahora he llegado a formar dos campamentos" (Génesis 32:10). Reconozco mi absoluta dependencia de Dios para la vida y provisión diaria. Le doy gracias por una esposa piadosa y por hijos que le siguen.

A menudo, cuando leo la Biblia me encuentro con pasajes de la Escritura que me recuerdan ciertas verdades de Dios, o quizá me revelan algo nuevo. Cuando esto pasa hago una pausa y una vez más adoro.

La sumisión a Dios es también una parte importante de la adoración. Después de la muerte de mi primera esposa, un amigo me dio un dicho por un autor desconocido que me ayuda a expresar mi sumisión a Dios:

> Señor, estoy dispuesto
> a recibir lo que tú me das;
> a carecer de lo que tú retienes;
> a abandonar lo que tú tomas;
> a sufrir lo que tú me impones;
> a ser lo que tú requieres.

Mantengo una copia de esto en mi cuaderno de oración y oro sobre esto varias veces por semana. También he agregado otra frase: "Y a hacer lo que tú me mandes".

Nuestra postura en la adoración también es importante. Pasajes del Antiguo Testamento que hablan de la adoración a menudo hablan de postrarse. Por ejemplo, Salmo 95:6 dice: "Vengan, postrémonos reverentes, doblemos la rodilla ante el Señor nuestro Hacedor". (Ver también Deuteronomio 8:19; 2 Crónicas 20:18 y 29:30; Job 1:20; Daniel 3:5; Efesios 3:14; Apocalipsis 22:8). Arrodillarse o postrarse es una expresión física de reverencia y sumisión. No quiero implicar que siempre debemos postrarnos para adorar efectivamente, aunque pienso que debemos hacerlo frecuentemente. Lo importante es la actitud del corazón.

## LA ADORACIÓN EN EL CIELO

Empecé este capítulo observando que la adoración será nuestra actividad principal en el cielo. No se me ocurre una mejor manera de terminar este capítulo y este libro que mirando dos de estos ejemplos en el libro de Apocalipsis. Léalos lentamente, cuidadosamente y en oración, pidiéndole a Dios que le dé el mismo entusiasmo que hay en el cielo respecto a la adoración.

> Cada uno de ellos tenía seis alas y estaba cubierto de ojos, por encima y por debajo de las alas. Y día y noche repetían sin cesar:
>
> > "Santo, santo, santo
> > es el Señor Dios todopoderoso,
> > el que era y que es y que ha de venir".
>
> Cada vez que estos seres vivientes daban gloria, honra y acción de gracias al que estaba sentado en el trono, al que vive por los siglos de los siglos, los veinticuatro ancianos se postraban ante él y adoraban al que vive por los siglos de los siglos. Y rendían sus coronas delante del trono exclamando:
>
> > "Digno eres, Señor y Dios nuestro,
> > de recibir la gloria, la honra y el poder,
> > porque tú creaste todas las cosas;
> > por tu voluntad existen
> > y fueron creadas" (Apocalipsis 4:8-11).

Luego miré, y oí la voz de muchos ángeles que estaban alrededor del trono, de los seres vivientes y de los ancianos. El número de ellos era millares de millares y millones de millones. Cantaban con todas sus fuerzas:

"Digno es el cordero, que ha sido sacrificado,
de recibir el poder,
la riqueza y la sabiduría,
la fortaleza y la honra,
la gloria y la alabanza".

Y oí a cuanta criatura hay en el cielo, y en la tierra, y debajo de la tierra y en el mar, a todos en la creación, que cantaban:

"¡Al que está sentado en el trono y al Cordero,
sean la alabanza y la honra, la gloria y el poder,
por los siglos de los siglos!".

Los cuatro seres vivientes exclamaron: "¡Amén!", y los ancianos se postraron y adoraron (Apocalipsis 5:11-14).

¿Reflejan estos ejemplos su propio corazón? Si así es, agradezca a Dios que la adoración ya es parte de su andar cristiano. Si no, en oración regrese a los elementos esenciales de la adoración que he tocado en este capítulo; pídale a Dios que le ayude a hacerlos una parte central de su vida. Entonces empezará a crecer en la adoración.

========

Al acercarnos al final, permítame recordarle lo que yo llamo los "sujetalibros" que sostienen toda la verdad de la vida cristiana. Le exhorto a poner su confianza diaria en, primero, la justicia de Cristo por la cual el infinito Dios santo nos acepta con gozo; y segundo, el poder de Cristo que nos ayuda a vivir la vida cristiana seguros mientras crecemos hacia la madurez. Estas verdades dan sostén y firmeza a toda nuestra experiencia cristiana. Por supuesto, la imagen de los sujetalibros tiene los límites generales de una metáfora, porque los sujetalibros son objetos inanimados. Recuerde que la justicia y el poder de Cristo son maravillosas verdades vivientes. Son el regalo continuo de una persona viviente: el Cordero de Dios quien es el único digno de nuestra adoración perpetua.

# NOTAS

CAPÍTULO 1
1. Archibald Alexander, *Thoughts on Religious Experience* (Edinburgo, Escocia: The Banner of Truth Trust, 1967), p. 165.

CAPÍTULO 2
1. Esto, por supuesto, no significa que Dios es indiferente a nuestro peca-do. Pero aun al tratar con nuestro pecado, Dios siempre actúa por medio del amor que tiene por nosotros.
2. Martyn Lloyd-Jones, *Romans: An Exposition of Chapter 6, The New Man* (Londres: The Banner of Truth Trust, 1972), p. 8.
3. Stephen Brown, "The Song of Grace" (Primera Parte), 1 Pedro 5:6-14, mensaje grabado en casete (Key Biscayne, Florida: Key Life Tapes, 1990).
4. Ernest F. Kevan, *The Grace of Law* (Grand Rapids, Michigan: Baker Books, 1976), p. 63.
5. Charles Hodge, *An Exposition of the Second Epistle to the Corinthians* (Londres, The Banner of Truth Trust, 1959), p. 133.
6. Philip E. Hughes, *The New International Commentary on the New Testament, Paul's Second Epistle to the Corinthians* (Grand Rapids, Michigan: Wm. B. Eerdmans Publishing, 1962), p. 258.

CAPÍTULO 3
1. John Calvin, *Calvin's New Testament Commentaries, vol. 10, The Second Epistle of Paul to the Corinthians, and the Epistles to Timothy, Titus and Philemon*, ed. David W. Torrance y Thomas F. Torrance, trad. T. A. Smail (Grand Rapids, Michigan: Eerdmans, 1964), p. 371.

CAPÍTULO 4
1. Para la traducción al español, hemos usado la *Versión Reina-Valera Actualizada* (RVA) para 2 Corintios 3:18 porque dice: "...mirando... la gloria del Señor", mientras que en la *Nueva Versión Internacional* (NVI)

dice: "...reflejamos... la gloria del Señor". Aunque los dos significados son factibles, yo creo que el contexto favorece el uso de "mirando" (contemplando).

2. William S. Plumer, *The Grace of Christ, or Sinners Saved by Unmerited Kindness* (Keyser, W. V.: Odom Publications, s. f.; publicado originalmente en 1853), p. 278, énfasis en el original.
3. Ibíd., p. 279.
4. John Murray, *Redemption —Accomplished and Applied* (Londres: The Banner of Truth Trust, 1961; publicado originalmente en 1955), pp. 144, 145.
5. Ibíd., p. 145.
6. Ibíd., p. 146.
7. Ibíd., p. 147.

Capítulo 5
1. Los Navegantes ha enfatizado la memorización de las Escrituras por más de sesenta años. Su *Sistema de memorización de versículos bíblicos,* el cual enseña principios de memorización y provee sesenta versículos clave de la Escritura para memorizar, está disponible en español por medio de Casa Bautista de Publicaciones/Editorial Mundo Hispano y puede obtenerlo a través de su librería cristiana local o de www.casabautista.org. Si aún no ha desarrollado la disciplina de memorización de la Escritura, le recomiendo altamente este programa.

Capítulo 8
1. J. I. Packer, *God's Words* (InterVarsity Press: Downers Grove, Illinois, 1981), p. 193.
2. Ibíd., p. 200.
3. Ibíd., p. 193.

Capítulo 9
1. James Fraser, *A Treatise on Sanctification* (Audubon, N. J.: Old Paths Publications, 1922; publicado originalmente en 1774, revisado en 1897), pp. 464, 465.
2. Para la cita original, ver John Brown, *Analytical Exposition of Paul the Apostle to the Romans* (Grand Rapids, Michigan: Baker, 1857; reimpreso en 1981), p. 93.
3. William Romaine, *The Life, Walk and Triumph of Faith* (Cambridge, Inglaterra: James Clarke & Co., Ltd., 1793, edición 1970), p. 280.

4. George Smeaton, *The Doctrine of the Holy Spirit* (Edinburgo: The Banner of Truth Trust, 1882, edición 1958), p. 228.

CAPÍTULO 13

1. Warren Myers, *Pray: How to Be Effective in Prayer* (Colorado Springs, Colorado: NavPress, 1983). pp. xv-ii.
2. Parece haber un desacuerdo entre eruditos de la Biblia acerca de si una persona puede tener más de un don. Yo, personalmente, creo en lo afirmativo, pero el problema no es crucial a esta discusión. En el texto, uso don o dones sin ninguna distinción particular entre singular o plural.
3. Estoy endeudado con J. D. Jones (1865-1942) por esta ilustración, aunque no fue citada verbalmente, de su libro *An Exposition of First Corinthians 13*, publicado originalmente en 1925 por Hodder & Stoughton de Londres y republicado en 1982 por Klock & Klock Christian Publishers, Inc., Minneapolis.

CAPÍTULO 14

1. Stephen Charnock, *The Existence and Attributes of God* (1853, reimpreso, Grand Rapids, Michigan: Baker, 1979), 1:212.
2. John MacArthur, *The Ultimate Priority* (Chicago: Moody, 1983), p. 14.
3. A. W. Tozer, *Whatever Happened to Worship?* (Camp Hill, Pennsylvania: Christian Publications, 1985), p. 26.

# Acerca del autor

Jerry Bridges es parte del personal de *The Navigators Collegiate Ministries* donde participa del entrenamiento de personal y también sirve apoyando a aquellos que ministran en las universidades.

Ha sido parte del personal de *The Navigators* desde 1955. Desde 1979 hasta 1994, sirvió como Vicepresidente de Asuntos Corporativos. Además de su trabajo en *Collegiate Ministries*, también sirve, de vez en cuando, como conferenciante invitado en varios seminarios y en numerosas conferencias y retiros, en los Estados Unidos de Norteamérica al igual que en el extranjero.

Jerry es autor de varios libros. El más conocido es *La búsqueda de la santidad*, el cual ya ha vendido más de un millón de copias. Otros títulos incluyen: *Confiando en Dios aunque la vida duela*, *La disciplina de la gracia*, *La devoción a Dios en acción* y otros que aún no han sido traducidos al castellano como: *Transforming Grace*, *The Gospel for Real Life*, *The Crisis of Caring* y *The Joy of Fearing God*.

Jerry y su esposa Jane, viven en Colorado Springs, Colorado. Tienen dos hijos adultos y cinco nietos.